Bhagavad-Gîtâ

Le chant du Bienheureux

Discovery Publisher

2002, 2003, 2008 : Éditions Nataraj

©2020, Discovery Publisher
Tous droits réservés.

Traduit du sanskrit par Émilie Burnouf

616 Corporate Way
Valley Cottage, New York
www.discoverypublisher.com
editors@discoverypublisher.com
Fièrement pas sur Facebook ou Twitter

New York • Paris • Dublin • Tokyo • Hong Kong

Table des matières

Bhagavad-Gîtâ

Le chant du Bienheureux

Bhagavad-Gîtâ

Le chant du Bienheureux

Traduit du sanskrit par
Émilie Burnouf

Texte intégral

«Ce livre est probablement le plus beau qui soit sorti de la main des hommes. Jamais on n'a énoncé avec plus de force d'Unité du principe absolu des choses, essence et point culminant de la pensée indienne. De là découle une morale qu'on n'a point surpassée, morale non seulement théorique, mais pratique par excellence, unissant les plus nobles affections de la nature humaine à la loi stoïque du désintéressement. Il faut lire ce petit livre et s'en nourrir.»

Émile Burnouf

Avant-propos de l'éditeur

Bhagavad-Gîtâ («Le chant du Bienheureux») est le livre spirituel hindou le plus lu, étudié et médité, tant par les Hindous que par les Occidentaux qui se sentent concernés par l'esprit de l'Inde. C'est un lieu commun que de le désigner comme la «Bible des Hindous». Pour être compris, le texte n'exige pas du lecteur la foi dans le Mythe, ou dans l'exactitude historique des faits et personnages évoqués, mais il lui demande de faire appel à son «intelligence métaphysique» (en sanskrit *buddhi*) qui, seule, peut lui permettre d'être véritablement réceptif à l'enseignement donné par Krishna à Arjuna.

La traduction de la *Bhagavad-Gîtâ* d'Émile Burnouf fut publiée pour la première fois en 1861. Depuis cette date, de nombreuses autres versions ont été éditées, bénéficiant des améliorations apportées à la compréhension de la langue sanskrite au fil des décennies. D'aucuns pourraient dire que cette traduction «a vécu». Cela est aussi inexact que si l'on disait que la Bhagavad-Gîtâ elle-même « a vécu ». Car Émile Burnouf fut bel et bien un précurseur, doté de l'intelligence nécessaire pour *entendre*, et restituer l'essence d'un livre tel que celui-ci. Il ne cache pas son enthousiasme pour la révélation que fut pour lui la découverte de ce Chant (*Gîtâ*). Bien des traducteurs lui ayant succédé souffrent de la comparaison : on peut être « spécialiste » du sanskrit et ne pas savoir traduire l'âme d'un texte qui réclame une *écoute* toute spirituelle. Ici, pas de trace de la condescendance de certains « indianistes », ni du scepticisme ecclésiastique en vogue au XIXe siècle, ni des erreurs de certains occultistes.

Bien sûr, comme il le dit lui-même, le sanskrit est une langue dont les termes ne se prêtent pas toujours à être traduits d'un seul mot. Ainsi, *Brahman, Âtma, Buddhi, Dharma, Purusha, Prakriti, Guna*, etc., réclament une explication plus développée pour être correctement définis. Burnouf joue son rôle de traducteur jusqu'au bout, en prenant – sciemment – le risque de réduire la signification de certains termes. Ainsi, il traduit audacieusement (mais non maladroitement) *yoga* par « Union spirituelle » ou « Union mystique », ce qui peut surprendre, aujourd'hui, ce mot étant devenu familier pour la plupart des Occidentaux. Dans la version proposée ici, nous avons gardé le sanskrit dans le texte en certaines occasions :

— Soit pour des termes devenus familiers aujourd'hui pour les lecteurs d'ouvrages de spiritualité hindoue ;

— Soit pour les mots que notre langue ne peut traduire qu'incomplètement d'un seul mot, et qui nécessitent plus d'explications.

Nous donnons en fin d'ouvrage un bref glossaire des principaux mots qui demeurent en sanskrit dans le texte. Un astérisque (*) accompagne la première apparition de ces mots dans le texte, et signale au lecteur que le sens du mot est explicité dans le glossaire.

Préface du traducteur

Ce livre est probablement le plus beau qui soit sorti de la main des hommes. Jamais on n'a énoncé avec plus de force l'Unité du principe absolu des choses, essence et point culminant de la pensée indienne. De là découle une morale qu'on n'a point surpassée, morale non seulement théorique, mais pratique par excellence, unissant les plus nobles affections de la nature humaine à la loi stoïque du désintéressement.

Il faut lire ce petit livre et s'en nourrir. Nous en avons le plus grand besoin.

Nos sociétés modernes, prétendues chrétiennes, sont fondées sur l'égoïsme, sur l'égoïsme le plus étroit, l'intérêt. Ce qui meut les hommes d'aujourd'hui, ce qui les groupe ou les précipite les uns contre les autres, c'est l'intérêt personnel. Rarement l'amour du bien pour lui-même est leur mobile.

On veut jouir de la vie et l'on ne veut pas être troublé dans cette jouissance. Les concessions faites aux déshérités ont pour but de les apaiser, non de les élever à une vie supérieure.

Nos grandes révolutions ont été des explosions populaires contre l'égoïsme du passé. Elles ont substitué la multitude au petit nombre et déchaîné toutes les convoitises. Elles n'ont pas introduit un nouveau principe de morale publique et de vertu privée.

Cette règle d'action qu'on n'a point proclamée se nomme la *loi du sacrifice*. On ne veut rien sacrifier ; on veut tout acquérir ou tout garder.

Par cette absence du principe moral, nos sociétés vont droit à leur perte. Ni les sciences, ni l'industrie, ni le commerce ne les sauveront ; cela n'a pas sauvé les sociétés antiques. Celles-ci ont été tuées par le principe chrétien, qui depuis lors a été expulsé à son tour de nos lois et de nos mœurs.

Qu'on lise donc ce petit livre. On verra qu'il y a eu des hommes pensant mieux que nous et qui ont tracé la voie du salut.

Un mot sur ce chant. *Bhagavad*, c'est Krishna, 10e incarnation de Vishnou. La religion qui porte son nom est, dans l'Inde, une des dernières venues ; elle a de grandes analogies avec celles du Bouddha et du Christ. Le poème se rattache comme épisode au Mahâbhârata ; il comprend dix-huit chapitres ou lectures. Son texte contient un certain nombre de termes propres à la philosophie hindoue et que plusieurs personnes emploient sans les traduire. Notre langue n'en a peut-être pas qui leur correspondent exactement, mais elle peut rendre les mêmes idées avec une approximation suffisante. D'ailleurs le devoir d'un traducteur est d'être intelligible pour ceux qui ne sont pas initiés. Ceux donc qui voudront pénétrer plus avant dans les doctrines brahmaniques recourront à d'autres textes et ne s'en tiendront pas à la Bhagavad-Gîtâ. Que cela soit notre excuse pour des défauts inhérents à toute traduction.

Émile Burnouf

Om !

I
Trouble d'Arjuna

Dhritarâshtra dit :

1 – Nos soldats et les Fils de Pându, rassemblés pour combattre dans le champ saint de Kurukshetra, qu'ont-ils fait, Sanjaya ?

Sanjaya dit :

2 – À la vue de l'armée des Pândava rangés en bataille, le roi Duryôdhana s'approcha de son maître et lui dit :

3 – « Vois, mon maître, la grande armée des fils de Pându rangée en ligne par ton disciple, le fils habile de Drupada.

4 – Là sont des héros aux grands arcs, tels que Bhîma et Arjuna dans la bataille, Yuyudhâna, Virâta et Drupada au grand char,

5 – Drishtakêta, Tchêkitâna et le vaillant roi de Kâçi, Purujit, Kuntibôja et le prince Çævya,

6 – Le valeureux Yudhâmanyu et l'héroïque Uttamaujas, les fils de Subhadrâ et de Draupadî, tous montés sur de grands chars.

7 – Regarde aussi les meilleurs des nôtres, ô excellent brahmane*; je vais te nommer ces chefs de mon armée, pour te faire souvenir d'eux :

8 – Toi d'abord, puis Bhîshma, Karna et Kripa le victorieux, Açvatthâma, Vikarna, le fils de Sômadatta,

9 – Et tant d'autres héros qui pour moi livrent leur vie; ils combattent de toutes armes et tous connaissent la guerre.

10 – Sous la conduite de Bhîshma nous avons une armée innombrable; mais la leur, à laquelle Bhîma commande, peut être comptée.

11 – Que chacun de vous, dans les rangs, garde la place qui lui est échue, et tous défendez Bhîshma. »

12 – Pour animer les cœurs, le grand aïeul des Kurus poussa un cri semblable au rugissement du lion et sonna de la conque.

13 – Et aussitôt conques, fifres, timbales et tambours résonnent avec un bruit tumultueux.

14 – Alors, debout sur un grand char attelé de chevaux blancs, le meurtrier de Madhu et le fils de Pându enflèrent leurs conques célestes.

15 – Le guerrier aux cheveux dressés enflait la Gigantesque ; le héros vainqueur des richesses la Divine ; Bhîma Ventre-de Loup, aux œuvres terribles, enflait la grande conque de Roseau ;

16 – Le fils de Kuntî, Yudishthira, tenait la Triomphante ; Nakula et Sahadêva portaient la Mélodieuse et la Trompe de pierreries et de fleurs ;

17 – Le roi de Kâçi au bel arc et Çikhandin au grand char, Drishtadyumna, Virâta et Sâtyaki l'invincible,

18 – Drupada et tous les fils de Draupadî et les fils de Subhadrâ, aux grands bras, enflèrent chacun leur conque.

19 – Ce bruit, qui déchirait les cœurs des fils de Dhritarâshtra, faisait retentir le ciel et la terre.

20 – Alors les voyant rangés en bataille, et quand déjà les traits se croisaient dans l'air, le fils de Pându dont l'étendard porte un singe, prit son arc,

21 – Et dit à Krishna : «*Arrête mon char entre les deux armées,*

22 – *Pour que je voie contre qui je dois combattre dans cette lutte meurtrière,*

23 – *Et pour que je voie quels sont ceux qui se sont rassemblés ici prenant en main la cause du criminel fils de Dhritarâshtra.*»

Sanjaya dit :

24 – Interpellé de la sorte par Arjuna, Krishna, à la chevelure hérissée, arrêta le beau char entre les deux fronts de bataille ;

25 – Et là, en face de Bhîshma, de Drona et de tous les gardiens de la terre, il dit : «*Prince, vois ici réunis tous les Kuru*».

26 – Arjuna vit alors devant lui pères, aïeux, précepteurs, oncles, frères, fils, petits-fils, amis,

27 – Gendres, compagnons, partagés entre les deux armées. Quand il vit tous ces parents prêts à se battre, le fils de Kuntî,

28 – Ému d'une extrême pitié, prononça douloureusement ces mots :

Arjuna dit :

« Ô, Krishna, quand je vois ces parents désireux de combattre et rangés en bataille,

29 – Mes membres s'affaissent et mon visage se flétrit ; mon corps tremble et mes cheveux se dressent ;

30 – Mon arc s'échappe de ma main, ma peau devient brûlante, je ne puis me tenir debout et ma pensée est comme chancelante.

31 – Je vois de mauvais présages, ô guerrier chevelu, je ne vois rien de bon dans ce massacre de parents.

32 – Ô Krishna, je ne désire ni la victoire, ni la royauté, ni les voluptés ; quel bien nous revient-il de la royauté ? quel bien, des voluptés ou même de la vie ?

33 – Les hommes pour qui seuls nous souhaiterions la royauté, les plaisirs, les richesses, sont ici rangés en bataille, méprisant leurs vies et leurs biens :

34 – Précepteurs, pères, fils, aïeux, gendres, petits-fils, beaux-frères, alliés enfin.

35 – Dussent-ils me tuer, je ne veux point leur mort, au prix même de l'empire des trois mondes ; qu'est-ce à dire, de la terre ?

36 – *Quand nous aurons tué les fils de Dhritarâshtra, quelle joie en aurons-nous, ô guerrier? Mais une faute s'attachera à nous si nous les tuons, tout criminels qu'ils sont.*

37 – *Il n'est donc pas digne de nous de tuer les fils de Dhritarâshtra, nos parents: car en faisant périr notre famille, comment serions-nous joyeux, ô Mâdhava?*

38 – *Si, l'âme aveuglée par l'ambition, ils ne voient pas la faute qui accompagne le meurtre des familles et le crime de sévir contre des amis,*

39 – *Est-ce que nous-mêmes ne devons pas nous ré-soudre à nous détourner de ce péché, quand nous voyons le mal qui naît de la ruine des familles?*

40 – *La ruine d'une famille cause la ruine des religions éternelles de la famille; les religions détruites, la famille entière est envahie par l'irréligion;*

41 – *Par l'irréligion, ô Krishna, les femmes de la famille se corrompent; de la corruption des femmes, ô Pasteur, naît la confusion des castes;*

42 – *Et, par cette confusion, tombent aux enfers les pères des meurtriers et de la famille même, privés de l'offrande des gâteaux et de l'eau.*

43 – Ainsi, par ces fautes des meurtriers des familles, qui confondent les castes, sont détruites les lois religieuses éternelles des races et des familles ;

44 – Et quant aux hommes dont les sacrifices de famille sont détruits, l'enfer est nécessairement leur demeure. C'est ce que l'Écriture nous enseigne.

45 – Oh ! nous avons résolu de commettre un grand péché, si par l'attrait des délices de la royauté nous sommes décidés à tuer nos proches.

46 – Si les fils de Dhritarâshtra, tout armés, me tuaient au combat, désarmé et sans résistance, ce serait plus heureux pour moi. »

Sanjaya dit :

47 – Ayant ainsi parlé au milieu des armées, Arjuna s'assit sur son char, laissant échapper son arc avec la flèche, et l'âme troublée par la douleur.

II
Yoga de la Connaissance rationnelle

Sanjaya dit :

1 – Tandis que, troublé par la pitié et les yeux pleins de larmes, Arjuna se sentait défaillir, le meurtrier de Madhu lui dit :

Le Bienheureux Krishna dit :

2 – « *D'où te vient, dans la bataille, ce trouble indigne des Arya, qui ferme le ciel et procure la honte, Arjuna ?*

3 – *Ne te laisse pas amollir ; cela ne te sied pas ; chasse une honteuse faiblesse de cœur, et lève-toi, Destructeur des ennemis.* »

Arjuna dit :

4 – *Ô meurtrier de Madhu, comment dans le combat lancerai-je des flèches contre Bhîshma et Drona, eux à qui je dois rendre honneur ?*

5 – *Plutôt que de tuer des maîtres vénérables, il vaudrait mieux vivre en ce monde de pain mendié ; mais si je tuais même des maîtres avides, je vivrais d'un aliment souillé de sang.*

6 – *Nous ne savons lequel vaut mieux de les vaincre ou d'être vaincu par eux. Car nous avons devant nous des hommes dont le meurtre nous ferait haïr la vie : les fils de Dhritarâshtra.*

7 – *L'âme blessée par la pitié et par la crainte du péché, je t'interroge : car je ne vois plus où est la justice. Quel parti vaut le mieux ? Dis-le-moi. Je suis ton disciple : instruis-moi ; c'est à toi que je m'adresse.*

8 – *Car je ne vois pas ce qui pourrait chasser la tristesse qui consume mes sens, eussé-je sur terre un vaste royaume sans ennemis et l'empire même des Dieux.*

Sanjaya dit :

9 – Quand il eut adressé ces mots à Krishna et lui eut dit «je ne combattrai pas», le guerrier Arjuna demeura silencieux.

10 – Mais tandis qu'entre les deux armées il perdait ainsi courage, Krishna lui dit en souriant :

Le Bienheureux dit :

11 – *Tu pleures sur des hommes qu'il ne faut pas pleurer, quoique tes paroles soient celles de la sagesse. Les sages ne pleurent ni les vivants ni les morts;*

12 – *Car jamais ne m'a manqué l'existence, ni à toi non plus ni à ces princes; et jamais nous ne cesserons d'être, nous tous, dans l'avenir.*

13 – *Comme dans ce corps mortel sont tour à tour l'enfance, la jeunesse et la vieillesse; de même, après, l'âme acquiert un autre corps; et le sage ici ne se trouble pas.*

14 – *Les rencontres des éléments qui causent le froid et le chaud, le plaisir et la douleur, ont des retours et ne sont point éternelles. Supporte-les, Fils de Kuntî.*

15 – *L'homme qu'elles ne troublent pas, l'homme ferme dans les plaisirs et dans les douleurs, devient, ô Bhârata, participant de l'immortalité.*

16 – *Celui qui n'est pas ne peut être, et celui qui est ne peut cesser d'être ; ces deux choses, les sages qui voient la vérité en connaissent la limite.*

17 – *Sache-le, il est indestructible, Celui par qui a été développé cet univers : la destruction de cet Impérissable, nul ne peut l'accomplir ;*

18 – *Et ces corps qui finissent procèdent d'une Âme éternelle, indestructible, immuable. Combats donc, ô Bhârata.*

19 – *Celui qui croit qu'elle tue ou qu'on la tue, se trompe : elle ne tue pas, elle n'est pas tuée,*

20 – *Elle ne naît, elle ne meurt jamais ; elle n'est pas née jadis, elle ne doit pas renaître ; sans naissance, sans fin, éternelle, antique, elle n'est pas tuée quand on tue le corps.*

21 – *Comment celui qui la sait impérissable, éternelle, sans naissance et sans fin, pourrait-il tuer quelqu'un ou le faire tuer ?*

22 – Comme l'on quitte des vêtements usés pour en prendre de nouveaux, ainsi l'Âme quitte les corps usés pour revêtir de nouveaux corps.

23 – Ni les flèches ne la percent, ni la flamme ne la brûle, ni les eaux ne l'humectent, ni le vent ne la dessèche.

24 – Inaccessible aux coups et aux brûlures, à l'humidité et à la sécheresse, éternelle, répandue en tous lieux, immobile, inébranlable,

25 – Invisible ineffable, immuable, voilà ses attributs; puisque tu la sais telle, ne la pleure donc pas.

26 – Quand tu la croirais éternellement soumise à la naissance et à la mort, tu ne devrais pas même alors pleurer sur elle:

27 – Car ce qui est né doit sûrement mourir, et ce qui est mort doit renaître; ainsi donc ne pleure pas sur une chose qu'on ne peut empêcher.

28 – Le commencement des êtres vivants est insaisissable; on saisit le milieu; mais leur destruction aussi est insaisissable: y a-t-il là un sujet de pleurs?

29 – *Celui-ci contemple la vie comme une merveille;
celui-là en parle comme d'une merveille; un autre en
écoute parler comme d'une merveille; et quand on a
bien entendu, nul encore ne la connaît.*

30 – *L'Âme habite inattaquable dans tous les corps vivants, Bhârata; tu ne peux cependant pleurer sur tous
ces êtres.*

31 – *Considère aussi ton devoir et ne tremble pas: car
rien de meilleur n'arrive aux kshatriya* qu'une juste
guerre;*

32 – *Par un tel combat qui s'offre ainsi de lui-même, la
porte du ciel, Fils de Prithâ, s'ouvre aux heureux kshatriya.*

33 – *Et toi, si tu ne livres ce combat légitime, traître à
ton devoir et à ta renommée, tu contracteras le péché;*

34 – *Et les hommes rediront ta honte à jamais: or, pour
un homme de sens, la honte est pire que la mort.*

35 – *Les princes croiront que par peur tu as fui le combat: ceux qui t'ont cru magnanime te mépriseront;*

36 – *Tes ennemis tiendront sur toi mille propos outra-
geants où ils blâmeront ton incapacité. Qu'y a-t-il de
plus fâcheux?*

37 – *Tué, tu gagneras le ciel; vainqueur tu posséderas la terre. Lève-toi donc, Fils de Kuntî, pour combattre bien résolu.*

38 – *Tiens pour égaux plaisir et peine, gain et perte, victoire et défaite, et sois tout entier à la bataille: ainsi tu éviteras le péché.*

39 – *Je t'ai exposé la connaissance selon la Raison (Sâmkhya*); entends-la aussi selon la doctrine de l'Union (Yoga). En t'y attachant, tu rejetteras le fruit des œuvres, qui n'est rien qu'une chaîne.*

40 – *Ici point d'efforts perdus, point de dommage; une parcelle de cette loi délivre l'homme de la plus grande terreur.*

41 – *Cette doctrine, Fils de Kuru, n'a qu'un but et elle le poursuit avec constance; une doctrine inconstante se ramifie à l'infini.*

42 – *Il est une parole fleurie dont se prévalent les ignorants, tout fiers d'un texte du Veda*: «Cela suffit» disent-ils.*

43 – *Et livrés à leurs désirs, mettant le ciel en première ligne, ils produisent ce texte qui propose le retour à la vie comme prix des œuvres, et qui renferme une abondante variété de cérémonies par lesquelles on parvient aux richesses et à la puissance.*

44 – *Pour ces hommes, attachés à la puissance et aux richesses et dont cette parole a égaré l'esprit, il n'est point de doctrine unique et constante ayant pour but la contemplation.*

45 – *On trouve les trois qualités (guna*) dans le Veda : sois exempt des trois qualités, Arjuna ; que ton âme ne se partage point, qu'elle soit toujours ferme ; que le bonheur ne soit pas l'objet de ses pensées ; qu'elle soit maîtresse d'elle-même.*

46 – *Autant on trouve d'usages à un bassin dont les eaux débordent de tous côtés, autant un brahmane en reconnaît à tous les Veda.*

47 – *Sois attentif à l'accomplissement des œuvres, jamais à leurs fruits ; ne fais pas l'œuvre pour le fruit qu'elle procure, mais ne cherche pas à éviter l'œuvre.*

48 – *Constant dans l'Union mystique, accomplis l'œuvre et chasse le désir ; sois égal aux succès et aux revers ; l'Union, c'est l'égalité d'âme.*

49 – *L'œuvre est bien inférieure à cette Union spirituelle. Cherche ton refuge dans la buddhi*. Malheureux ceux qui aspirent à la récompense !*

50 – *L'homme qui reste uni à la* buddhi, *se dégage ici-bas et des bonnes et des mauvaises œuvres : applique-toi donc à l'Union mystique ; elle rend les œuvres heureuses.*

51 – *Les hommes d'intelligence qui se livrent à la méditation et qui ont rejeté le fruit des œuvres, échappent au lien des générations et vont au séjour du salut.*

52 – *Quand ta* buddhi *aura franchi les régions obscures de l'erreur, alors tu parviendras au dédain des controverses passées et futures ;*

53 – *Quand, détournée de ces enseignements, ta* buddhi *demeurera inébranlable et ferme dans la contemplation, alors tu atteindras l'Union spirituelle.*

Arjuna dit :

54 – *Quelle est, ô Prince chevelu, la marque d'un homme ferme dans la sagesse et ferme dans la contemplation ? Comment est-il, immobile dans sa pensée, quand il parle, quand il se repose, quand il agit ?*

Le Bienheureux dit :

55 – *Fils de Prithâ, quand il renonce à tous les désirs qui pénètrent les cœurs, quand il est heureux avec lui-même, alors il est dit ferme en la sagesse.*

56– *Quand, il est inébranlable dans les revers, exempt de joie dans les succès, quand il a chassé les amours, les terreurs, la colère, il est dit alors solitaire ferme en la sagesse.*

57– *Si d'aucun point il n'est affecté ni des biens, ni des maux, s'il ne se réjouit ni ne se fâche, en lui la sagesse est affermie.*

58– *Si, comme la tortue retire à elle tous ses membres, il soustrait ses sens aux objets sensibles, en lui la sagesse est affermie.*

59– *Les objets se retirent devant l'homme abstinent ; les affections de l'âme se retirent en présence de celui qui les a quittées.*

60– *Quelquefois pourtant, Fils de Kuntî, les sens fougueux entraînent par force l'âme du sage le mieux dompté :*

61– *Qu'après les avoir dominés il se tienne assis, l'esprit fixé sur moi ; car, quand il est maître de ses sens, en lui la sagesse est affermie.*

62– *Dans l'homme qui contemple les objets des sens, naît un penchant vers eux ; de ce penchant naît le désir ; du désir, l'appétit violent ;*

63 – *De cet appétit, le trouble de la pensée ; de ce trouble, la divagation de la mémoire ; de la ruine de la mémoire, la perte de la* buddhi ; *et par cette perte, il est perdu.*

64 – *Mais si un homme aborde les objets sensibles, ayant les sens dégagés des amours et des haines et docilement soumis à son obéissance, il marche vers la sérénité.*

65 – *De la sérénité naît en lui l'éloignement de toutes les peines ; et quand son âme est sereine, sa* buddhi *est bientôt affermie.*

66 – *L'homme qui ne pratique pas l'Union divine, n'a pas d'intelligence et ne peut méditer ; celui qui ne médite pas est privé de calme ; privé de calme, d'où lui viendra le bonheur ?*

67 – *Car celui qui livre son âme aux égarements des sens, voit bientôt son intelligence emportée, comme un navire par le vent sur les eaux.*

68 – *Ainsi donc, héros au grand char, c'est en celui dont les sens sont fermés de toutes parts aux objets sensibles, que la sagesse est affermie.*

69 – *Ce qui est nuit pour tous les êtres, est un jour où veille l'homme qui s'est dompté ; et ce qui est veille pour eux, n'est que nuit pour le clairvoyant solitaire.*

70 – *Dans l'invariable Océan qui se remplit toujours viennent se perdre les eaux: ainsi l'homme en qui se perdent tous les désirs, obtient la paix; mais non l'homme livré aux désirs.*

71 – *Qu'un homme, les ayant tous chassés, marche sans désirs, sans cupidité, sans orgueil: il marche à la paix.*

72 – *Voilà, Fils de Prithâ, la halte divine: l'âme qui l'a atteinte n'a plus de troubles; et celui qui s'y tient jusqu'au dernier jour va s'éteindre en Dieu.*

III
Yoga de l'œuvre

Arjuna dit :

1 – *Si à tes yeux, guerrier redoutable, la* buddhi *est meilleure que l'action, pourquoi donc m'engager à une action affreuse ?*

2 – *Mon esprit est comme troublé par tes discours ambigus. Énonce une règle unique et précise par laquelle je puisse arriver à ce qui vaut le mieux.*

Le Bienheureux dit :

3 – *En ce monde, il y a deux manières de vivre ; je te l'ai déjà dit, prince sans péché : les rationalistes contemplateurs s'appliquent à la connaissance ; ceux qui pratiquent l'Union s'appliquent aux œuvres.*

4– Mais en n'accomplissant aucune œuvre, l'homme n'est pas oisif pour cela ; et ce n'est pas par l'abdication que l'on parvient au but de la vie ;

5– Car personne, pas même un instant, n'est réellement inactif ; tout homme malgré lui-même est mis en action par les fonctions naturelles de son être.

6– Celui qui, après avoir enchaîné l'activité de ses organes, se tient inerte, l'esprit occupé des objets sensibles et la pensée errante, on l'appelle faux dévot ;

7– Mais celui qui, par l'esprit, a dompté les sens et qui met à l'œuvre l'activité de ses organes pour accomplir une action, tout en restant détaché, on l'estime, Arjuna.

8– Fais donc une œuvre nécessaire : l'œuvre vaut mieux que l'inaction ; sans agir, tu ne pourrais pas même nourrir ton corps.

9– Hormis l'œuvre sainte, ce monde nous enchaîne par les œuvres. Cette œuvre donc, Fils de Kuntî, exempt de désirs, accomplis-la.

10– Lorsque jadis le Souverain du monde produisit les êtres avec le Sacrifice, il leur dit : « Par lui, multipliez ; qu'il soit pour vous la vache d'abondance ;

11 – *Nourrissez-en les dieux, et que les dieux sou-tiennent votre vie. Par ces mutuels secours, vous obtien-drez le souverain bien ;*

12 – *Car, nourris du Sacrifice, les dieux vous donne-ront les aliments désirés. Celui qui, sans leur en offrir d'abord, mange la nourriture qu'il a reçue d'eux est un voleur.*

13 – *Ceux qui mangent les restes du Sacrifice sont déliés de toutes leurs fautes, mais les criminels qui préparent des aliments pour eux seuls se nourrissent de péché.*

14 – *En effet, les animaux vivent des fruits de la terre ; les fruits de la terre sont engendrés par la pluie ; la pluie, par le Sacrifice ; le Sacrifice s'accomplit par l'Acte.*

15 – *Or, sache que l'Acte procède de Brahmâ*, et que Brahmâ procède de l'Éternel. C'est pourquoi ce Dieu qui pénètre toutes choses est toujours présent dans le Sacrifice.*

16 – *Celui qui ne coopère point ici-bas à ce mouvement circulaire de la vie et qui goûte dans le péché les plaisirs des sens, celui-là, Fils de Prithâ, vit inutilement.*

17 – *Mais celui qui, heureux dans son cœur et content de lui-même, trouve en lui-même sa joie, celui-là ne dé-daigne aucune œuvre ;*

18 – Car il ne lui importe en rien qu'une œuvre soit faite ou ne le soit pas, et il n'attend son secours d'aucun des êtres.

19 – C'est pourquoi, toujours détaché, accomplis l'œuvre que tu dois faire ; car en la faisant avec abnégation, l'homme atteint le but suprême.

20 – C'est par les œuvres que Janaka et les autres ont acquis la perfection. Si tu considères aussi l'ensemble des choses humaines, tu dois agir.

21 – Selon qu'agit un grand personnage, ainsi agit le reste des hommes ; l'exemple qu'il donne, le peuple le suit.

22 – Moi-même, Fils de Prithâ, je n'ai rien à faire dans les trois mondes, je n'ai là aucun bien nouveau à acquérir ; et pourtant je suis à l'œuvre.

23 – Car si je ne montrais une activité infatigable, tous ces hommes qui suivent ma voie, toutes ces générations périraient ;

24 – Si je ne faisais mon œuvre, je ferais un chaos, et je détruirais ces générations.

25 – De même que les ignorants sont liés par leur œuvre, qu'ainsi le sage agisse en restant détaché, pour procurer l'ordre du monde.

26 – *Qu'il ne fasse pas naître le partage des opinions parmi les ignorants attachés à leurs œuvres; mais que, s'y livrant avec eux, il leur fasse aimer leur travail.*

27 – *Toutes les œuvres possibles procèdent des attributs naturels (des êtres vivants); celui que trouble l'orgueil s'en fait honneur à lui-même et dit: «J'en suis l'auteur»;*

28 – *Mais celui qui connaît la vérité, sachant faire la part de l'attribut et de l'acte, se dit: «C'est la rencontre des attributs avec les attributs», et il reste détaché.*

29 – *Ceux que troublent les attributs naturels des choses s'attachent aux actes qui en découlent. Ce sont des esprits lourds qui ne connaissent pas le général. Que celui qui le connaît ne les fasse pas trébucher.*

30 – *Rapporte à moi toutes les œuvres, pense à l'Âme suprême; et, sans espérance, sans souci de toi-même, combats et n'aie point de tristesse.*

31 – *Les hommes qui suivent mes commandements avec foi, sans murmure, sont, eux aussi, dégagés du lien des œuvres;*

32 – *Mais ceux qui murmurent et ne les observent pas, sache que, déchus de toute connaissance, ils périssent privés d'intelligence.*

33 – *Le sage aussi tend à ce qui est conforme à sa nature; les animaux suivent la leur. À quoi bon lutter contre cette loi?*

34 – *Il faut bien que les objets des sens fassent naître le désir et l'aversion. Seulement, que le sage ne se mette pas sous leur empire, puisque ce sont ses ennemis.*

35 – *Il vaut mieux suivre sa propre loi, même imparfaite, que la loi d'autrui, même meilleure; il vaut mieux mourir en pratiquant sa loi: la loi d'autrui a des dangers.*

Arjuna dit :

36 – *Mais, ô Pasteur, par quoi l'homme est-il induit dans le péché, sans qu'il le veuille, et comme poussé par une force étrangère?*

Le Bienheureux dit :

37 – *C'est l'amour, c'est la passion, née de l'instinct; elle est dévorante, pleine de péchés; sache qu'elle est une ennemie ici-bas.*

38 – *Comme la fumée couvre la flamme, et la rouille le miroir, comme la matrice enveloppe le fœtus, ainsi cette fureur couvre le monde.*

39 – *Éternelle ennemie du sage, elle obscurcit la connais-sance. Telle qu'une flamme insatiable, elle change de forme à son gré.*

40 – *Les sens, l'esprit, la buddhi, sont appelés son do-maine. Par les sens, elle obscurcit la connaissance et trouble l'intelligence de l'homme.*

41 – *C'est pourquoi, excellent Fils de Bhârata, enchaîne tes sens dès le principe, et détruis cette pécheresse qui ôte la connaissance et le jugement.*

42 – *Les sens, dit-on, sont puissants ; l'esprit est plus fort que les sens ; la buddhi est plus forte que l'esprit. Mais ce qui est plus fort que la buddhi, c'est elle.*

43 – *Sachant donc qu'elle est la plus forte, affermis-toi en toi-même, et tue un ennemi aux formes changeantes, à l'abord difficile.*

IV
Yoga de la Science

Le Bienheureux dit :

1 – *Cette Union éternelle, je l'ai enseignée d'abord à Vivasvat ; Vivasvat l'a enseignée à Manu ; Manu l'a redite à Ixwâku ;*

2 – *Et reçue ainsi de mains en mains, les Rishi royaux l'ont connue ; mais dans la longue durée des temps, cette doctrine s'est perdue, ô vainqueur.*

3 – *Cette même doctrine antique, je viens te l'exposer aujourd'hui ; car j'ai dit : « Tu es mon serviteur et mon ami » ; c'est le mystère suprême.*

Arjuna dit :

4 – *Ta naissance est postérieure ; celle de Vivasvat a précédé la tienne : comment te comprendrai-je quand tu dis : « Dans l'origine je l'ai enseignée à Vivasvat » ?*

Le Bienheureux dit :

5 – *J'ai eu bien des naissances, et toi-même aussi, Arjuna : je les sais toutes ; mais toi, héros, tu ne les connais pas.*

6 – *Quoique sans commencement et sans fin, et chef des êtres vivants, néanmoins maître de ma propre nature, je nais par ma vertu magique.*

7 – *Quand la justice languit, Bhârata, quand l'injustice se relève, alors je me fais moi-même créature, et je nais d'âge en âge*

8 – *Pour la défense des bons, pour la ruine des méchants, pour le rétablissement de la justice.*

9 – *Celui qui connaît selon la vérité ma naissance et mon œuvre divine, quittant son corps, ne retourne pas à une naissance nouvelle ; il vient à moi, Arjuna.*

10 – *Dégagés du désir, de la crainte et de la passion, devenus mes dévots et mes croyants, beaucoup d'hommes, purifiés par les austérités de la connaissance, se sont unis à ma substance ;*

11 – *Car, selon que les hommes s'inclinent devant moi, de même aussi je les honore. Tous les hommes suivent ma voie, Fils de Prithâ ;*

12 – *Mais ceux qui désirent le prix de leurs œuvres sacrifient ici-bas aux divinités ; et bientôt dans ce monde mortel, le prix de leurs œuvres leur échoit.*

13 – *C'est moi qui ai créé les quatre castes et réparti entre elles les qualités et les fonctions. Sache qu'elles sont mon ouvrage, à moi qui n'ai pas de fonction particulière et qui ne change pas.*

14 – *Les œuvres ne me souillent pas, car elles n'ont pour moi aucun lien ; et celui qui me sait tel n'est point retenu par le fruit des œuvres.*

15 – *Sachant donc que d'antiques sages, désireux de la délivrance, ont accompli leur œuvre, toi aussi accomplis l'œuvre que ces sages ont accomplie autrefois.*

16 – *Mais, dis-tu, qu'est-ce que l'œuvre ? qu'est-ce que le repos ? Les poètes eux-mêmes ont hésité. Je vais donc te l'enseigner, et quand tu le sauras, tu seras délivré du mal.*

17 – *Il faut savoir ce que c'est que l'acte, la cessation, l'inaction. Car la marche de l'acte est difficile à saisir.*

18 – *Celui qui voit le repos dans l'action et l'action dans le repos, celui-là est sage parmi les hommes ; il est en état d'Union, quelque œuvre qu'il fasse d'ailleurs.*

19 – *Si toutes ses entreprises sont exemptes des inspirations du désir, comme s'il avait consumé l'œuvre par le feu de la connaissance, il est appelé sage par les hommes intelligents.*

20 – *Car celui qui a chassé le désir du fruit des œuvres, qui est toujours satisfait et exempt d'envie, celui-là, bien qu'occupé d'une œuvre, est pourtant en repos.*

21 – *Sans espérances, maître de ses pensées, n'attendant du dehors aucun secours, n'accomplissant son œuvre qu'avec le corps, il ne contracte point le péché.*

22 – *Satisfait de ce qui se présente, supérieur à l'amour et à la haine, exempt d'envie, égal aux succès et aux revers, il n'est pas lié par l'œuvre, quoiqu'il agisse.*

23 – *Pour celui qui a chassé les désirs, qui est libre, qui tourne sa pensée vers la connaissance et procède au sacrifice, l'œuvre entière s'évanouit.*

24 – *L'offre pieuse est Dieu; le beurre clarifié, le feu, l'offrande sont Dieu; celui-là donc ira vers Dieu qui dans l'œuvre pense à Dieu.*

25 – *Parmi les Yogi les uns s'assoient au sacrifice des dieux; d'autres, dans le feu brahmanique, offrent le sacrifice par le moyen du sacrifice lui-même;*

26 – *Ceux-ci dans le feu de la continence, offrent l'ouïe et les autres sens ; ceux-là dans le feu des sens, font l'offrande du son et d'autres objets sensibles ;*

27 – *Quelques-uns dans le feu mystique de la continence allumé par la connaissance, offrent toutes les fonctions des sens et de la vie ;*

28 – *D'autres offrent en sacrifice leurs richesses, leur piété, leur dévotion, la lecture à voix basse, la connaissance, et pratiquent la tempérance et les vœux austères ;*

29 – *D'autres sacrifient l'aspiration dans l'expiration, l'expiration dans l'aspiration, et fermant les voies de l'une et de l'autre s'efforcent de retenir leur haleine ;*

30 – *D'autres, se réduisant aux aliments nécessaires, offrent les choses mêmes de la vie dans le sacrifice qu'ils en font. Tous ces hommes sont habiles dans l'art des sacrifices et, par là, effacent leurs péchés.*

31 – *Ceux qui mangent les restes du sacrifice, aliment d'immortalité, vont à l'Éternel Dieu ; mais à celui qui ne fait aucun sacrifice, n'appartient pas même ce monde : comment l'autre, ô le meilleur des Kurus ?*

32 – *Les divers sacrifices ont été institués de la bouche de Brahmâ. Comprends qu'ils procèdent tous de l'Acte ; et le comprenant, tu obtiendras la délivrance.*

33 – *Le sacrifice qui procède de la connaissance vaut mieux que celui qui procède des richesses ; car toute la perfection des actes est comprise dans la connaissance.*

34 – *Sache que celle-ci s'obtient en honorant, en interrogeant, en servant les sages ; ces sages qui voient la vérité sont ceux qui t'enseigneront la connaissance.*

35 – *Quand tu la posséderas, tu n'éprouveras plus de défaillances, Fils de Pându ; par elle tu verras tous les vivants dans l'Âme, et puis en moi.*

36 – *Quand même tu aurais commis plus de péchés que tous les pécheurs sur le vaisseau de la connaissance, tu traverseras tout péché.*

37 – *Comme un feu allumé réduit le bois en cendre, Arjuna, ainsi le feu de la connaissance consume toutes les œuvres ;*

38 – *Car il n'est point d'eau lustrale pareille à la connaissance. Celui qui s'est perfectionné par l'Union mystique, avec le temps, trouve la connaissance en lui-même :*

39 – *L'homme de foi l'acquiert, quand il est tout à elle et maître de ses sens ; et quand il l'a acquise, il arrive bientôt à la béatitude.*

40 – *Mais l'homme ignorant et sans foi, livré au doute, est perdu ; car ni ce monde, ni l'autre, ni la félicité ne sont pour l'homme livré au doute.*

41 – *Celui qui par l'Union divine s'est détaché des œuvres, qui par la connaissance a retranché le doute, est rendu à lui-même et n'est plus enchaîné par l'action.*

42 – *Ainsi donc, Fils de Bhârata, ce doute qui naît de l'ignorance et qui siège dans le cœur, tranche-le avec le glaive de la connaissance, marche à l'Union et lève-toi.*

V
Yoga du Renoncement
des Œuvres

Arjuna dit :

1 – *Tu loues d'une part, Ô Krishna, le renoncement des œuvres, et de l'autre part l'Union mystique (yoga) : laquelle des deux est la meilleure ? Dis-le-moi clairement.*

Le Bienheureux dit :

2 – *Le renoncement des œuvres et l'Union mystique (yoga) procurent tous deux la béatitude ; cependant l'Union vaut mieux que le renoncement.*

3 – *Il faut regarder comme constant dans le renoncement celui qui n'a ni haines ni désirs ; car celui qui n'a point ces deux affections est aisément dégagé du lien des œuvres.*

4 – *Les enfants séparent la doctrine rationnelle de l'Union mystique, mais non les sages. En effet, celui qui s'adonne entièrement à l'une perçoit le fruit de l'autre ;*

5 – *Le séjour où l'on parvient par les méditations rationnelles (sâmkhya), on y arrive aussi par les actes de l'Union mystique (yoga) ; et celui qui voit une seule chose dans ces deux méthodes voit bien.*

6 – *Mais, Héros au grand char, leur réunion est difficile à atteindre sans l'Union elle-même, tandis que le solitaire qui s'y livre arrive bientôt à Dieu :*

7 – *Adonné à cette pratique, l'âme purifiée, victorieux de lui-même et de ses sens, vivant de la vie de tous les vivants, il n'est pas souillé par son œuvre.*

8 – *« Ce n'est pas moi qui agis » : qu'ainsi pense le Yogi connaissant la vérité, quand il voit, entend, touche, flaire, mange, marche, dort, respire,*

9 – *Parle, quitte ou prend quelque chose, ouvre ou ferme les yeux ; et qu'il se dise : « Les sens sont faits pour les objets sensibles ».*

10 – *Celui qui, ayant chassé le désir, accomplit les œuvres en vue de Dieu, n'est pas plus souillé par le péché que, par l'eau, la feuille du lotus.*

11 – *Par leur corps, par leur esprit, par leur* buddhi, *par tous leurs sens même, les Yogi opèrent l'œuvre sans en désirer le fruit, pour leur propre purification ;*

12 – *Et par cette abnégation, ils atteignent à la béatitude suprême. Mais l'homme qui ne pratique pas l'Union sainte et qui demeure attentif au fruit des œuvres est enchaîné par la puissance du désir.*

13 – *Le mortel qui, par la force de son esprit, pratique l'abnégation dans tous ses actes, habite paisible et tout puissant dans la cité aux neuf portes (le corps, qui a neuf ouvertures), sans agir et sans être la cause d'aucune action.*

14 – *Le Maître du monde ne crée ni l'activité, ni les actes, ni la tendance à jouir du fruit des œuvres ; c'est le résultat de la nature individuelle.*

15 – *Le Seigneur ne se charge ni des péchés ni des bonnes œuvres de personne. L'ignorance couvre la connaissance : ainsi errent les créatures.*

16 – *Mais pour ceux dans l'âme desquels la connaissance a détruit l'ignorance, la connaissance, comme un soleil, illumine en eux l'idée de cet être Suprême :*

17 – *Pensant à Lui, partageant son essence, séjournant en Lui, tout entiers à Lui, ils marchent par une route d'où l'on ne revient pas, délivrés par la connaissance de leurs péchés.*

18 – *Dans le brahmane doué de connaissance et de modestie, dans le bœuf et l'éléphant, dans le chien même et dans celui qui mange du chien, les sages voient l'identique.*

19 – *Ici-bas ceux-là ont vaincu la nature, dont l'esprit se tient ferme dans l'identité : car l'Identique Dieu est sans péché ; c'est pourquoi ils demeurent fermes en Dieu.*

20 – *Un tel homme ne se réjouit pas d'un accident agréable ; il ne s'attriste pas d'un accident fâcheux. La pensée ferme, inébranlable, songeant à Dieu, fixé en Dieu,*

21 – *Libre des contacts extérieurs, il trouve en lui-même sa félicité : et ainsi, celui que l'Union mystique unit à Dieu, jouit d'une béatitude impérissable.*

22 – *Car les plaisirs nés des contacts engendrent la douleur ; ils commencent et finissent, Fils de Kuntî ; le sage n'y trouve pas sa joie.*

23 – *Si l'on peut ici-bas, avant d'être dégagé du corps, soutenir le choc du désir et de la passion, on est Uni spirituellement, on est heureux.*

24 – *Celui qui trouve en lui-même son bonheur, sa joie, et en lui-même aussi sa lumière, est un Yogi qui va s'éteindre en Dieu, s'unir à l'être de Dieu.*

25 – *Ainsi s'éteignent en Dieu les* Rishi *dont les fautes sont effacées, dont l'esprit ne s'est point partagé, qui se sont domptés eux-mêmes et se sont réjouis du bien de tous les vivants.*

26 – *Quand on est dégagé d'amour et de haine, qu'on a soumis et soi-même et sa pensée, qu'on se connaît soi-même, on est tout près de s'éteindre en Dieu.*

27 – *Quand on a banni les affections nées des contacts, dirigé son regard droit en avant, égalisé les mouvements de sa poitrine,*

28 – *Dompté ses sens, dirigé son esprit et sa* buddhi *exclusivement vers la délivrance ; lorsque le désir, la crainte, la passion, étant bannies, parvenu vraiment à la délivrance,*

29 – *On comprend que je perçois les sacrifices et les austérités, que je suis le grand Souverain des mondes, et l'Ami de tous les vivants : alors on obtient la paix.*

VI
Yoga de la Soumission de Soi-même

Le Bienheureux dit :

1 – *Celui qui, sans aspirer au fruit des œuvres, accomplit l'œuvre prescrite, est un Renonçant et un Yogi, mais non celui qui néglige le feu sacré et l'œuvre sainte.*

2 – *Et ce que l'on nomme Renoncement, sache, ô Fils de Pându, que c'est l'Union elle-même ; car sans le renoncement de soi-même, nul ne peut s'unir véritablement.*

3 – *Au solitaire qui s'efforce vers l'Union sainte, l'œuvre devient une aide ; quand il l'a atteinte, il a pour aide le repos ;*

4 – *Car, comme il n'est attaché ni aux objets des sens ni aux œuvres, entièrement dépouillé de lui-même, il a vraiment atteint l'Union divine.*

5 – *Qu'il s'élève donc et qu'il ne s'abaisse pas ; car l'esprit de l'homme est tantôt son allié, tantôt son ennemi :*

6 – *Il est l'allié de celui qui s'est vaincu soi-même ; mais par inimitié pour ce qui n'est pas spirituel, l'esprit peut agir en ennemi.*

7 – *Dans l'homme victorieux et pacifié, l'Âme suprême demeure recueillie, au milieu du froid et du chaud, du plaisir et de la douleur, des honneurs et de l'opprobre.*

8 – *L'homme qui se complaît dans la connaissance et la sagesse, le cœur en haut, les sens vaincus, tenant pour égaux le caillou, la motte de terre et l'or, a pour nom Yogi ; car il est Uni spirituellement.*

9 – *On estime celui qui garde une âme égale envers les amis et les bienveillants, les ennemis, les indifférents et les étrangers, les haineux et les proches, envers les bons aussi et envers les pécheurs.*

10 – *Que le Yogi exerce toujours sa dévotion seul, à l'écart, sans compagnie, maître de sa pensée, dépouillé d'espérances.*

11 – *Que dans un lieu pur il se dresse un siège solide, ni trop haut, ni trop bas, garni d'herbe, de toile et de peau ;*

12 – *Et que là, l'esprit tendu vers l'Unité, maîtrisant en soi la pensée, les sens et l'action, assis sur ce siège, il s'unisse mentalement en vue de sa purification.*

13 – *Tenant fermement en équilibre son corps, sa tête et son cou, immobile, le regard incliné en avant, ne le portant d'aucun autre côté,*

14 – *Le cœur en paix, exempt de crainte, constant dans ses vœux comme un novice maître de son esprit, que le Yogi demeure assis et me prenne pour unique objet de sa méditation.*

15 – *Ainsi, toujours continuant la sainte extase, le Yogi dont l'esprit est dompté parvient à la béatitude, qui a pour terme l'extinction et qui réside en moi.*

16 – *L'Union divine n'est ni pour qui mange trop ni pour qui ne mange rien ; elle n'est ni pour qui dort longtemps ni pour qui veille toujours, Arjuna.*

17 – *L'Union sainte qui ôte tous les maux est pour celui qui mange avec mesure, se récrée avec mesure, agit, dort et veille avec mesure.*

18 – *Lorsqu'ayant fixé sur lui-même sa pensée entièrement soumise, il s'est dégagé de tous les désirs, c'est alors qu'il est appelé Uni.*

19– *Le Yogi est comme une lampe qui, à l'abri du vent, ne vacille pas, lorsqu'ayant soumis sa pensée il se livre à l'Union mystique.*

20– *Quand la pensée jouit de la quiétude, enchaînée au service de l'Union divine; quand, se contemplant elle-même, elle se complaît en elle-même;*

21– *Quand elle goûte cette joie infinie que donne seule la* buddhi *et qui dépasse les sens; quand elle s'attache sans vaciller à l'Essence véritable,*

22– *Et que l'ayant saisie elle juge que nulle autre acquisition ne l'égale; lorsqu'enfin, s'y tenant attachée, elle n'en peut être détournée même par une vive douleur:*

23– *Qu'elle sache que cette rupture de tout commerce avec la douleur s'appelle Union mystique. Et cette Union doit être pratiquée avec constance, au point que la pensée s'y abîme.*

24– *Ayant dépouillé absolument tous les désirs engendrés par l'imagination et subjugué dans son âme la foule des sensations qui viennent de tous côtés,*

25– *Qu'insensiblement l'homme atteigne à la quiétude par sa raison affermie dans la constance, et que son esprit, fermement recueilli en lui-même, ne pense plus à rien autre chose.*

26 – *Et chaque fois que son esprit inconstant et mobile se porte ailleurs, qu'il lui fasse sentir le frein et le ramène à l'obéissance.*

27 – *Une félicité suprême pénètre l'âme du Yogi; ses passions sont apaisées; il est devenu en essence Dieu lui-même; il est sans tache.*

28 – *Ainsi, par l'exercice persévérant de la sainte Union, l'homme purifié jouit heureusement dans son contact avec Dieu d'une béatitude infinie.*

29 – *Il voit l'Âme résidant en tous les êtres vivants, et dans l'Âme tous ces êtres, lorsque son âme à lui-même est unie de l'Union divine et qu'il voit de toutes parts l'identité.*

30 – *Celui qui me voit partout et qui voit tout en moi ne peut plus me perdre ni être perdu pour moi.*

31 – *Celui qui adore mon Essence résidant en tous les êtres vivants et qui demeure ferme dans le spectacle de l'Unité, en quelque situation qu'il se trouve, est toujours avec moi.*

32 – *Celui, Arjuna, qui, instruit par sa propre identité, voit l'identité partout, heureux ou malheureux, est un Yogi excellent.*

Arjuna dit :

33 – *Cette Union mystique que tu places dans l'identité, ô meurtrier de Madhu, je ne vois pas que l'inconstance de l'esprit lui laisse une assiette solide.*

34 – *Car l'esprit est inconstant, ô Krishna, il est mobile, puissant et violent ; il me semble aussi difficile à soumettre que le vent.*

Le Bienheureux dit :

35 – *Sans doute, ô héros, l'esprit est mobile et difficile à saisir ; mais par l'exercice et par l'expulsion des passions, Fils de Kuntî, on le saisit.*

36 – *Pour celui qui ne s'est pas dompté lui-même, l'Union est difficile à atteindre, selon moi ; mais, pour l'homme qui s'est maîtrisé, il est des moyens d'y parvenir.*

Arjuna dit :

37 – *L'homme insoumis mais croyant, dont l'esprit s'est éloigné de l'Union divine et n'a pu en atteindre la perfection, dans quelle voie entre-t-il, ô Krishna ?*

38 – *Repoussé de part et d'autre, disparaît-il comme le nuage entrouvert, ne s'arrêtant plus, perdu loin du sentier divin ?*

39 – *Veuille, ô Krishna, me résoudre entièrement ce doute : nul autre que Toi ne saurait le dissiper.*

Le Bienheureux dit :

40 – *Fils de Prithâ, ni ici-bas ni là-bas, cet homme ne peut s'anéantir : un homme de bien, mon ami, n'entre jamais dans la voie malheureuse.*

41 – *Il se rend à la demeure des purs ; il y habite un grand nombre d'années ; puis il rendît dans une famille de purs et de bienheureux,*

42 – *Ou même de sages pratiquant l'Union mystique : or il est bien difficile d'obtenir en ce monde une telle origine.*

43 – *Alors il reprend le pieux exercice qu'il avait pratiqué dans sa vie antérieure, et il s'efforce davantage vers la perfection, ô Fils de Kuru ;*

44 – *Car sa précédente éducation l'entraîne sans qu'il le veuille, lors même que dans son désir d'arriver à l'Union il transgresse la doctrine brahmanique.*

45 – *Comme il a dompté son esprit par l'effort, le Yogi purifié de ses souillures, perfectionné par plusieurs naissances, entre enfin dans la voie suprême.*

46 – *Il est alors considéré comme supérieur aux ascètes, supérieur aux sages, supérieur aux hommes d'action. Unis-toi donc, ô Arjuna.*

47 – *Car entre tous ceux qui pratiquent l'Union, celui qui, venant à moi dans son cœur, m'adore avec foi, est jugé par moi le mieux uni de tous.*

VII
Yoga de la Connaissance

Le Bienheureux dit:

1 – *Si tu fixes sur moi ton esprit, pratiquant l'Union mystique, attentif à moi, écoute, Fils de Prithâ, comment alors tu me connaîtras tout entier avec évidence;*

2 – *Je vais t'exposer complètement, avec ses divisions, cette science au-delà de laquelle ici-bas il ne reste rien à apprendre:*

3 – *De tant de milliers d'hommes, quelques-uns seulement s'efforcent vers la perfection; et parmi ces sages excellents, un seul à peine me connaît selon mon Essence.*

4 – *La terre, l'eau, le feu, le vent, l'air, l'esprit, la buddhi et le moi, telle est ma nature divisée en huit éléments:*

5 – *C'est l'inférieure. Connais-en maintenant une autre, qui est ma nature supérieure, principe de vie qui soutient le monde.*

6 – *C'est dans son sein que résident tous les êtres vivants; comprends-le; car la production et la dissolution de l'univers, c'est moi-même;*

7 – *Au-dessus de moi il n'y a rien; à moi est suspendu l'univers comme une rangée de perles à un fil.*

8 – *Je suis dans les eaux la saveur, Fils de Kuntî; je suis la lumière dans la lune et le soleil; la louange dans tous les Veda; le son dans l'air; la force masculine dans les hommes;*

9 – *Le parfum pur dans la terre; dans le feu la splendeur; la vie dans tous les êtres; la continence dans les ascètes.*

10 – *Sache, Fils de Prithâ, que je suis la semence inépuisable de tous les vivants; la science des sages, le courage des vaillants;*

11 – *La vertu des forts exempte de passions et de désir: je suis dans les êtres animés le désir que le* dharma* autorise.*[1]

---

1. NDE Burnouf traduit: «l'attrait que la justice autorise». *Kâma* signifie «désir»; *dharma* peut être rendu par «justice», mais son sens est plus large: «Ordre», «Règle», etc.

12 – *Je suis la source des propriétés qui naissent de la vérité* (sattva*), *de la passion* (rajas*) *et de l'obscurité* (tamas*) : *mais je ne suis pas en elles, elles sont en moi.*

13 – *Troublé par les modes de ces trois qualités* (guna), *ce monde entier méconnaît que je leur suis supérieur et que je suis indestructible.*

14 – *Cette magie* (mâyâ*) *que je développe dans les modes des choses est difficile à franchir ; on y échappe en me suivant ;*

15 – *Mais ne sauraient me suivre, ni les méchants, ni les âmes troublées, ni ces hommes infimes dont l'intelligence est en proie aux illusions des sens et qui sont de la nature des démons.*

16 – *Quatre classes d'hommes de bien m'adorent, Arjuna : l'affligé, l'homme désireux de savoir, celui qui veut s'enrichir, et le sage.*

17 – *Ce dernier, toujours en contemplation, attaché à un culte unique, surpasse tous les autres. Car le sage m'aime par-dessus toutes choses, et je l'aime de même.*

18 – *Tous ces serviteurs sont bons ; mais le sage, c'est moi-même ; car dans l'Union mentale, il me suit comme sa voie dernière ;*

19 – *Et après plusieurs renaissances, le sage vient à moi. «L'univers, c'est Vâsudêva»; celui qui parle ainsi ne peut comprendre la grande Âme de l'univers.*

20 – *Ceux dont l'intelligence est en proie aux désirs se tournent vers d'autres divinités; ils suivent chacun son culte, enchaînés qu'ils sont par leur propre nature.*

21 – *Quelle que soit la personne divine à laquelle l'homme offre son culte, j'affermis sa foi en ce dieu;*

22 – *Tout plein de sa croyance, il s'efforce de le servir; et il obtient de lui les biens qu'il désire et dont je suis le distributeur.*

23 – *Mais bornée est la récompense de ces hommes de peu d'intelligence: ceux qui sacrifient aux dieux vont aux dieux; ceux qui m'adorent viennent à moi.*

24 – *Les ignorants me croient visible, moi qui suis invisible: c'est qu'ils ne connaissent pas ma nature supérieure, inaltérable et suprême;*

25 – *Car je ne me manifeste pas à tous, enveloppé que je suis dans la magie que l'Union spirituelle dissipe. Le monde plein de trouble ne me connaît pas, moi qui suis exempt de naissance et de destruction.*

26 – *Je connais les êtres passés et présents, Arjuna, et ceux qui seront ; mais nul d'eux ne me connaît.*

27 – *Par le trouble d'esprit qu'engendrent les désirs et les aversions, ô Bhârata, tous les vivants en ce monde courent à l'erreur ;*

28 – *Mais ceux qui par la pureté des œuvres ont effacé leurs péchés, échappent au trouble de l'erreur et m'adorent dans la persévérance.*

29 – *Ceux qui se réfugient en moi et cherchent en moi la délivrance de la vieillesse et de la mort, connaissent Dieu, l'Âme suprême, et l'Acte dans sa plénitude ;*

30 – *Et ceux qui savent que je suis le Premier Vivant, la Divinité Première, et le Premier Sacrifice, ceux-là, au jour même du départ, unis à moi par la pensée, me connaissent encore.*

VIII
Yoga de Dieu
Indivisible et Suprême

Arjuna dit :

1 – Qu'est-ce que Dieu, ô Meurtrier de Madhu, et l'Âme Suprême ? qu'est-ce que l'Acte ? qu'appelles-Tu Premier Vivant et Divinité Première ?

2 – Comment celui qui habite ici dans ce corps peut-il être le Premier Sacrifice ? Et comment au jour de la mort peux-Tu être dans la pensée des hommes maîtres d'eux-mêmes ?

Le Bienheureux dit :

3 – J'appelle Dieu le principe neutre suprême et indivisible ; Âme Suprême la substance intime ; Acte l'émanation qui produit l'existence substantielle des êtres ;

4 – *Premier Vivant la substance divisible; Divinité Première le principe masculin; c'est moi-même qui, incarné, suis le Premier Sacrifice, ô le meilleur des hommes;*

5 – *Et celui qui, à l'heure finale, se souvient de moi et part dégagé de son cadavre, rentre dans ma substance; il n'y a là aucun doute;*

6 – *Mais si, à la fin de sa vie, quand il quitte son corps, il pense à quelque autre substance, c'est à celle-là qu'il se rend, puisque c'est sur elle qu'il s'est modelé.*

7 – *C'est pourquoi, Fils de Kuntî, dans tous les temps pense à moi et combats: l'esprit et la raison dirigés vers moi, tu viendras à moi, n'en doute pas;*

8 – *Car lorsque la pensée me demeure constamment unie et ne s'égare pas ailleurs, on retourne à l'Esprit céleste et suprême sur lequel on méditait.*

9 – *Ce poète antique, modérateur du monde, plus délié que l'atome, soutien de l'univers, incompréhensible en sa forme, brillant au-dessus des ténèbres avec l'éclat du soleil:*

10 – *L'homme qui médite sur cet être, ferme en son cœur au jour de la mort, uni à Lui par l'amour et par l'Union mystique, réunissant entre ses sourcils le souffle vital, se rend vers l'Esprit suprême et céleste.*

11 – *Cette voie que les docteurs védiques nomment l'indivisible ; où marchent les hommes maîtres d'eux-mêmes et exempts de passions ; que désirent ceux qui embrassent le saint noviciat[1] : je vais te l'exposer en peu de mots.*

12 – *Toutes les portes des sens étant fermées, l'esprit concentré dans le cœur et le souffle vital dans la tête, ferme et persévérant dans l'Union spirituelle,*

13 – *Adressant le mot mystique Ôm à Dieu unique et indivisible, et se souvenant de moi : celui qui part ainsi abandonnant son corps, marche dans la voie suprême.*

14 – *L'homme qui, ne pensant à nulle autre chose, se souvient de moi sans cesse, est un Yogi perpétuellement uni et auquel je donne accès jusqu'à moi.*

15 – *Parvenues jusqu'à moi, ces grandes âmes qui ont atteint la perfection suprême ne rentrent plus dans cette vie périssable, séjour de maux.*

16 – *Les mondes retournent à Brahmâ, ô Arjuna ; mais celui qui m'a atteint ne doit plus renaître.*

17 – *Ceux qui savent que le jour de Brahmâ finit après mille âges et que sa nuit comprend aussi mille âges, connaissent le jour et la nuit.*

---

1. *Brahmacharya* : période de la vie consacrée, dans la chasteté, à l'étude spirituelle.

18 – *Toutes les choses visibles sortent de l'invisible à l'approche du jour; et quand la nuit approche, elles se résolvent dans ce même Invisible.*

19 – *Ainsi tout cet ensemble d'êtres vit et revit tour à tour, se dissipe à l'approche de la nuit, et rendît à l'arrivée du jour.*

20 – *Mais outre cette nature visible, il en existe une autre, invisible, éternelle: quand tous les êtres périssent, elle ne périt pas;*

21 – *On l'appelle l'invisible et l'indivisible; c'est elle qui est la voie suprême; quand on l'a atteinte, on n'en revient plus; c'est là ma demeure suprême.*

22 – *On peut, Fils de Prithâ, par une adoration exclusive, atteindre à ce premier principe masculin, en qui reposent tous les êtres, par qui a été développé cet univers.*

23 – *En quel moment ceux qui pratiquent l'Union partent-ils pour ne plus revenir ou pour revenir encore, c'est aussi ce que je vais t'apprendre, Fils de Bhârata.*

24 – *Le feu, la lumière, le jour, la lune croissante, les six mois où le soleil est au nord, voilà le temps où les hommes qui connaissent Dieu se rendent à Dieu.*

25 – *La fumée, la nuit, le déclin de la lune, les six mois du sud, sont le temps où un Yogi se rend dans l'orbe de la lune, pour en revenir plus tard.*

26 – *Voilà l'éternelle double route, claire ou ténébreuse, objet de foi ici-bas, conduisant, d'une part, là d'où l'on ne revient plus, d'autre part, là d'où l'on doit revenir.*

27 – *Connaissant l'une et l'autre Fils de Prithâ, le dévot ne se trouble pas. Ainsi donc, en tout temps, sois Uni dans l'Union spirituelle.*

28 – *Le fruit de pureté promis à la lecture du Veda, au saint sacrifice, aux austérités, à la munificence ; le Yogi le surpasse par la connaissance et parvient à la halte suprême.*

IX
Yoga du Souverain
Mystère de la Science

Le Bienheureux dit :

1 – *Je vais maintenant t'exposer, dans son ensemble et dans ses parties, cette science mystérieuse dont la possession te délivrera du mal.*

2 – *C'est la science souveraine, le souverain mystère, la suprême purification, saisissable par l'intuition immédiate, conforme à la Loi (dharma) agréable à accomplir, inépuisable.*

3 – *Les hommes qui ne croient pas en sa conformité à la Loi, ne viennent pas à moi et retournent aux vicissitudes de la mort.*

4 – *C'est moi qui, doué d'une forme invisible, ai développé cet univers ; en moi sont contenus tous les êtres ; et moi je ne suis pas contenu en eux ;*

5 – *D'une autre manière, les êtres ne sont pas en moi: tel est le mystère de l'Union souveraine. Mon Âme est le soutien des êtres, et sans être contenue en eux, c'est elle qui est leur être.*

6 – *Comme dans l'air réside un grand vent soufflant sans cesse de tous côtés, ainsi résident en moi tous les êtres: conçois-le, Fils de Kuntî.*

7 – *À la fin du kalpa* les êtres rentrent dans ma puissance créatrice; au commencement du kalpa, je les émets de nouveau.*

8 – *Immuable dans ma puissance créatrice, je produis ainsi par intervalles tout cet ensemble d'êtres sans qu'ils le veuillent et par la seule vertu de mon émanation.*

9 – *Et ces œuvres ne m'enchaînent pas: je suis placé comme en dehors d'elles, et je ne suis pas dans leur dépendance.*

10 – *Sous ma surveillance, l'émanation enfante les choses mobiles et immobiles; et sous cette condition, Fils de Kuntî, le monde accomplit sa révolution.*

11 – *Revêtus d'un corps humain, les insensés me dédaignent, ignorant mon essence suprême qui commande à tous les êtres.*

12 – *Mais leur espérance est vaine; leurs œuvres sont vaines, leur science est vaine; leur pensée s'est égarée; ils sont sous la puissance turbulente des Râkshasa et des Âsura.*

13 – *Mais les sages magnanimes suivent ma puissance divine et m'adorent, ne pensant qu'à moi seul et sachant que je suis le principe immuable des êtres.*

14 – *Sans cesse ils me célèbrent par des louanges, toujours luttant et fermes dans leurs vœux; ils me rendent hommage, ils m'adorent, ils me servent dans une perpétuelle Union.*

15 – *D'autres m'offrent un sacrifice de science me voyant dans mon unité et simplicité, la face tournée de toutes parts.*

16 – *Je suis le Sacrifice, je suis l'adoration, je suis l'offrande aux morts; je suis l'herbe du salut; je suis l'Hymne sacré; je suis l'onction; je suis le feu; je suis la victime.*

17 – *Je suis le père de ce monde, sa mère, son époux, son aïeul. Je suis la doctrine, la purification, le mot mystique ôm; le Rig, le Sâma, et le Yajour.*

18 – *Je suis la voix, le soutien, le seigneur, le témoin, la demeure, le refuge, l'ami. Je suis la naissance et la destruction ; la halte ; le trésor ; la semence immortelle.*

19 – *C'est moi qui échauffe, qui retiens et qui laisse tomber la pluie. Je suis l'immortalité et la mort, l'être et le non-être, Arjuna.*

20 – *De moi réclament la voie du paradis les sages qui ont lu les trois Veda, qui ont bu le Soma, se sont purifiés de leurs fautes et ont accompli le sacrifice. Parvenus à la sainte demeure du dieu Indra ils se repaissent au paradis de l'aliment divin.*

21 – *Et quand ils ont goûté de ce vaste monde des deux, leur mérite étant épuisé ils retournent au séjour des mortels. Ainsi les hommes qui ont suivi les trois livres de la Loi, n'aspirant qu'au bonheur, restent sujets aux retours.*

22 – *Les hommes qui me servent sans penser à nulle autre chose et me demeurant toujours unis, reçoivent de moi la félicité de l'Union.*

23 – *Ceux même qui, pleins de foi, adorent d'autres divinités, m'honorent aussi, bien qu'en dehors de la règle antique :*

24 – *Car c'est moi qui recueille et qui préside tous les sacrifices; mais ils ne me connaissent pas dans mon essence, et ils font une chute nouvelle.*

25 – *Ceux qui sont voués aux dieux vont aux dieux; aux ancêtres ceux qui sont voués aux ancêtres; aux larves, ceux qui sacrifient aux larves; et à moi, ceux qui me servent.*

26 – *Quand on m'offre en adoration une feuille, une fleur, un fruit ou de l'eau, je les reçois pour aliments comme une offrande pieuse.*

27 – *Ainsi donc, ce que tu fais, ce que tu manges, ce que tu sacrifies, ce que tu donnes, ce que tu t'infliges, ô Fils de Kuntî, fais-m'en l'offrande.*

28 – *Tu seras dégagé du lien des œuvres, que leurs fruits soient bons ou mauvais; et avec une âme toute à la sainte Union, libre, tu viendras à moi.*

29 – *Je suis égal pour tous les êtres; je n'ai pour eux ni haine ni amour; mais ceux qui m'adorent sont en moi et je suis en eux.*

30 – *L'homme même le plus coupable, s'il vient à m'adorer et à tourner vers moi seul tout son culte, doit être cru bon; car il a pris le bon parti:*

31 – *Bientôt il devient juste et marche vers l'éternel Repos. Fils de Kuntî, confesse-le, celui qui m'adore ne périt pas.*

32 – *Car ceux qui cherchent près de moi leur refuge, eussent-ils été conçus dans le péché, les femmes, les vaishya*, les shûdra* même, marchent dans la voie supérieure;*

33 – *À plus forte raison les saints brahmanes et les pieux râjarshi. Placé en ce monde périssable et rempli de maux, adore-moi;*

34 – *Dirige vers moi ton esprit; et, m'adorant, offre-moi ton sacrifice et ton hommage. Alors, en Union avec moi, ne voyant plus que moi seul, tu parviendras jusqu'à moi.*

X
Yoga de l'Excellence

Le Bienheureux dit :

1 – *Écoute encore, ô héros qui m'aimes, les graves paroles que je vais te dire pour procurer ton salut.*

2 – *Les troupes des dieux et les grands Rishi ne connaissent pas ma nativité ; car je suis le principe absolu des dieux et des grands Rishi.*

3 – *Quand on sait que je ne suis pas né, que je suis le premier et le Seigneur du monde, on échappe à l'erreur parmi les mortels et l'on est absous de tous les péchés.*

4 – *La raison, la science, la certitude, la patience, la vérité, la continence, la paix, le plaisir et la douleur, la naissance et la destruction, la crainte et la sécurité.*

5 – *La douceur, l'égalité d'âme, la joie et les austérités, la munificence, la gloire et l'opprobre, sont des manières d'être des choses, dont je suis le distributeur.*

6 – *Les sept grands Rishi, les quatre Prajâpati et les Manu, contenus dans ma substance, sont nés par un acte de mon esprit; et d'eux est issu en ce monde le genre humain.*

7 – *Quand on connaît dans leur essence cette puissance souveraine et cette Union qui résident en moi, alors sans nul doute on s'unit à moi par une Union inébranlable.*

8 – *Je suis l'origine de tout; de moi procède l'univers: ainsi pensent, ainsi m'adorent les sages, participants de l'Essence suprême.*

9 – *Pensant à moi, soupirant après moi, s'instruisant les uns les autres, me racontant toujours, ils se réjouissent, ils sont heureux.*

10 – *Toujours en état d'union, m'offrant un sacrifice d'amour, ils reçoivent de moi cette Union mystique de l'intelligence par laquelle ils arrivent jusqu'à moi.*

11 – *Dans ma miséricorde et sans sortir de mon unité, je dissipe en eux les ténèbres de l'ignorance, avec le flambeau lumineux de la connaissance.*

Arjuna dit :

12 – *Tu es le Dieu suprême, la demeure suprême, la purification suprême ; l'Esprit éternel et céleste, la Divinité première, sans naissance ; le Seigneur.*

13 – *C'est ce que confessent tous les Rishi, le Dêvarshi Nârada, Asita, Dévala, Vyâsa. C'est aussi ce que tu m'annonces.*

14 – *Je crois, ô Keshava (« Guerrier Chevelu »), en la vérité de ta parole : car ni les dieux, ni les Dânava ne savent comment tu te rends visible ;*

15 – *Toi seul, tu te connais toi-même, ô Esprit suprême, Être des êtres, Prince des vivants, Dieu des dieux, Seigneur des créatures.*

16 – *Veuille me dire sans réticences les vertus célestes par lesquelles tu maintiens ces mondes en les pénétrant.*

17 – *Dis-moi, Yogi, comment, uni à toi par la pensée, je pourrai te connaître ; dans quelles parties de ton essence, ô Bienheureux, tu me seras intelligible.*

18 – *Raconte-moi longuement ton Union mystique et ta Vertu suprême, ô Vainqueur des hommes. Ta parole est pour mon oreille une ambroisie dont je ne puis me rassasier.*

Le Bienheureux dit :

19– *Eh bien ! je vais te raconter mes vertus célestes : sommairement, Fils de Kuru, car il n'y a pas de bornes à mon immensité.*

20– *Je suis l'Âme qui réside en tous les êtres vivants ; je suis le commencement, le milieu et la fin des êtres vivants.*

21– *Parmi les Âditya, je suis Vishnu ; parmi les corps lumineux, le Soleil rayonnant ; je suis Marîci parmi les Marut, et la Lune parmi les constellations.*

22– *Entre les Veda, le Sâma ; entre les dieux, Vâsava (Indra). Entre les sens, je suis l'Esprit ; entre les vivants, l'Intelligence.*

23– *Entre les Rûdra, je suis Shankara, je suis le seigneur des richesses entre les Yaksha et les Rakshasa ; entre les Vasu, je suis Pâvaka ; entre les crêtes des monts, le Meru.*

24– *Je suis le premier des pontifes, sache-le bien, Fils de Prithâ ; je suis Brihaspati. Entre les chefs d'armée, je suis Skanda ; entre les lacs, l'Océan.*

25– *Entre les Mahârshi, je suis Bhrigu ; entre les mots prononcés le mot indivisible, Ôm ; entre les sacrifices, la prière à voix basse (japa) ; entre les chaînes de montagnes, l'Himalaya ;*

26– *Entre tous les arbres, l'Ashvattha; entre les de-varshi, Nârada; entre les musiciens célestes, Citraratha; entre les saints, le solitaire Kapila.*

27– *Entre les coursiers, je suis Ucchaishravas, né avec l'ambroisie; entre les éléphants, Airâvata; entre les hommes, le Chef du pouvoir.*

28– *Entre les armes de guerre, je suis la foudre; entre les vaches, Kâmadhuk (celle qui exauce les désirs). Je suis le générateur Kandarpa; entre les serpents, je suis Vâsuki;*

29– *Entre les nâga, Ananta; Varuna, entre les bêtes aquatiques. Entre les ancêtres, je suis Aryaman; Yama entre les juges;*

30– *Prahlâda entre les Daityâna; entre les mesures, le temps; entre les bêtes sauvages, le tigre; entre les oi-seaux, Garuda;*

31– *Entre les objets purifiants, le Vent. Je suis Râma entre les guerriers; entre les poissons, le Makara; entre les fleuves, le Gange.*

32– *Dans les choses créées, Arjuna, je suis le Commen-cement, le Milieu et la Fin; entre les sciences, celle de l'Âme suprême; pour ceux qui parlent, je suis la Parole;*

33 – *Entre les lettres, je suis l'A ; dans les mots composés, je suis la composition. Je suis le temps sans limites, je suis le fondateur dont le regard se tourne de tous côtés ;*

34 – *La Mort qui ravit tout et la Vie des choses à venir. Entre les mots féminins, je suis la Gloire, la Fortune, l'Éloquence, la Mémoire, la Sagacité, la Constance, la Patience.*

35 – *Je suis le Grand Hymne entre les chants du Sâma ; et entre les rythmes, la Gâyatrî. Entre les mois, je suis le Mârgashîrsa ; entre les saisons, le Printemps fleuri.*

36 – *Je suis la Chance des trompeurs ; l'Éclat des illustres ; la Victoire ; le Conseil ; la Véracité des véridiques.*

37 – *Entre les fils de Vrishni, je suis Vâsudeva ; entre les Pândava, je suis Toi-même, Arjuna. Entre les solitaires, je suis Vyâsa ; entre les poètes, Ushanas.*

38 – *Je suis la Pénitence des ascètes, la Règle d'action de ceux qui désirent la victoire ; le Silence des secrets ; la Science des sages.*

39 – *Ce qu'il y a de puissance reproductive dans les êtres vivants, cela même c'est moi : car sans moi nulle chose mobile ou immobile ne peut être.*

40 – *Mes vertus célestes n'ont pas de fin, ô Arjuna ; et je ne t'ai exposé qu'une faible partie de mes perfections.*

41 – *Tout objet d'une nature excellente, heureuse ou forte, sache qu'il est issu d'une parcelle de ma puissance.*

42 – *Mais pourquoi t'appesantir sur cette science infinie, Arjuna ? Quand j'eus fait reposer toutes choses sur une seule portion de moi-même, le monde fut constitué.*

XI
Vision de la Forme Universelle

Arjuna dit :

1 – Le mystère sublime de l'Âme suprême que tu viens de m'exposer pour mon salut a éloigné de moi l'erreur.

2 – Car j'ai entendu longuement la naissance et la destruction des êtres, ô Dieu aux yeux de lotus, et ta magnanimité impérissable.

3 – Cependant, Seigneur, je voudrais te voir dans ta forme souveraine, tel que tu t'es dépeint toi-même ;

4 – Si tu penses que cette vision me soit possible, ô Seigneur de la sainte Union, alors montre-toi à ma vue dans ton éternité.

Le Bienheureux dit :

5 – *Voici, Fils de Prithâ, mes formes cent et mille fois variées, célestes, diverses de couleur et d'aspect.*

6 – *Voici les Âditya, les Vasu, les Rudra, les deux Ashvin et les Marut ; voici, Fils de Bhârata, de nombreuses merveilles que nul encore n'a contemplées.*

7 – *Voici dans son unité tout l'univers avec les choses mobiles et immobiles : le voici, compris dans mon corps avec tout ce que tu désires apercevoir.*

8 – *Mais puisque tu ne peux me voir avec les yeux de ton corps, je te donne un œil céleste : contemple donc en moi l'Union souveraine.*

Sanjaya dit :

9 – Lorsque Hari, Seigneur de la sainte Union, eut ainsi parlé, il fit voir au fils de Prithâ sa figure auguste et suprême,

10 – Portant beaucoup d'yeux et de visages, beaucoup d'aspects admirables, beaucoup d'ornements divins, tenant levées beaucoup d'armes divines,

11 – Portant des guirlandes et des vêtements divins, parfumée de célestes essences, merveilleuse en toutes choses, resplendissante, infinie, la face tournée dans toutes les directions.

12 – Si dans le ciel se levait tout à coup la lumière de mille soleils, elle serait comparable à la splendeur de ce Dieu magnanime.

13 – Là donc, dans le corps du Dieu des dieux, le fils de Pându vit l'univers entier et unique dans sa multiplicité.

14 – Alors, plein de stupeur, les cheveux hérissés, le héros baissa la tête, et joignant les mains en haut parla ainsi à la Divinité :

Arjuna dit :

15 – *Ô, Dieu, je vois en ton corps tous les dieux et les troupes des êtres vivants ; et le Seigneur Brahmâ assis sur le lotus ; et tous les Rishi et les célestes serpents.*

16 – *Je te vois avec des bras, des poitrines, des visages et des yeux sans nombre, avec une forme absolument infinie. Sans fin, sans milieu, sans commencement, ainsi je te vois, Seigneur universel, Forme universelle.*

17– *Tu portes la tiare, la massue et le disque, montagne de lumière de tous côtés resplendissante ; je puis à peine te regarder tout entier : car tu brilles comme le feu et comme le soleil dans ton immensité.*

18– *Tu es l'Indivisible, le suprême Intelligible. Tu es le Trésor souverain de cet univers ; tu es impérissable ; c'est toi qui maintiens la Loi immuable ; je vois que tu es le Principe Masculin éternel.*

19– *Sans commencement, sans milieu, sans fin ; doué d'une puissance infinie ; tes bras n'ont pas de limite, tes regards sont comme la lune et le soleil ; ta bouche a la splendeur du feu sacré.*

20– *Par ta chaleur tu échauffes cet univers. Car tu remplis à toi seul tout l'espace entre le ciel et la terre et tu touches à toutes les régions ; à la vue de ta forme surnaturelle et terrible, les trois mondes, ô Dieu magnanime, sont ébranlés :*

21– *Voici les troupes des êtres divins qui vont vers toi ; quelques-uns joignent de crainte leurs mains en haut et prient à voix basse. « Svasti » répètent les assemblées des Mahârshi et des Saints, et ils te célèbrent dans de sublimes cantiques.*

22 – *Les Rudra, les Âditya, les Vasu et les Sâdhya, les Vishva, les deux Ashvin, les Marut et les Ushmapâ, les troupes des Gandharva, des Yaksha, des Asura et des Siddha, te contemplent et demeurent tout confondus.*

23 – *Ta grande forme, où sont tant de bouches et d'yeux, de bras, de jambes et de pieds, tant de poitrines et de dents redoutables : les mondes en la voyant sont épouvantés ; moi aussi.*

24 – *Car en te voyant toucher la nue, et resplendir de mille couleurs ; en voyant ta bouche ouverte et tes grands yeux étincelants, mon âme est ébranlée, je ne puis retrouver mon assiette ni mon calme, ô Vishnu.*

25 – *Quand j'aperçois ta face armée de dents menaçantes et pareille au feu qui doit embraser le monde, je ne vois plus rien autour de moi et ma joie est partie. Sois-moi propice, Maître des dieux, Demeure du monde.*

26 – *Tous ces fils de Dhritarâshtra avec les troupes des maîtres de la terre, Bhishma, Drona, et ce fils du Cocher avec les chefs de nos soldats,*

27 – *Courent se précipiter dans ta bouche formidable. Quelques-uns, la tête brisée, demeurent suspendus entre tes dents.*

28 – Comme des torrents sans nombre qui courent droit à l'océan, ces héros sont emportés vers ton visage flamboyant.

29 – Comme vers une flamme allumée l'insecte vole à la mort avec une vitesse croissante, ainsi les vivants courent vite se perdre dans ta bouche.

30 – De toutes parts ta langue se repaît de générations entières et ton gosier embrasé les engloutit. Tu remplis tout le monde de ta lumière, ô Vishnu, et tu l'échauffes de tes rayons.

31 – Raconte-moi qui tu es, Dieu redoutable. Louange à toi, Dieu suprême. Sois propice. Je désire te connaître, Essence primitive ; car je ne prévois pas la marche de ton action.

Le Bienheureux dit :

32 – Je suis Kâla, le Temps destructeur du monde ; vieux, je suis venu ici pour détruire des générations. Excepté toi, il ne restera pas un seul des soldats que renferment ces deux armées.

33 – Ainsi donc, lève-toi, cherche la gloire ; triomphe des ennemis et acquiers un vaste empire. J'ai déjà assuré leur perte : sois-en seulement l'instrument ;

34 – *J'ai ôté la vie à Drona, Bhîshma, Jayadratha, Kama, et à d'autres guerriers : tue-les donc ; ne te trouble pas ; combats et tu vaincras tes rivaux.*

Sanjaya dit :

35 – Quand il eut entendu ces paroles du Dieu Chevelu, le Guerrier qui porte la Tiare joignit les mains, et en tremblant, adora, puis, rempli de terreur il s'inclina et dit en balbutiant à Krishna :

Arjuna dit :

36 – *Oui ! à ton nom, ô Dieu Chevelu, le monde se réjouit et suit ta Loi, les Rakshasa effrayés fuient de toutes parts, les troupes des Siddha sont en adoration.*

37 – *Et pourquoi donc, ô Magnanime, ne t'adorerait-on pas, toi plus vénérable que Brahmâ, toi le Premier Créateur, l'Infini, le Seigneur des dieux la Demeure du monde, la Source indivisible de l'être et du non-être ?*

38 – *Tu es la Divinité Première, l'antique Principe Masculin, le Trésor Souverain de cet univers. Tu es le Savant et l'Objet de la science, et la Demeure suprême. Par toi s'est déployé cet univers, ô toi dont la forme est infinie.*

39 – *Tu es Vâyu, Yama, Agni, Varuna, et la Lune, et le Prajâpati, et le Grand Aïeul. Gloire, gloire à toi mille fois! et derechef encore gloire, gloire à toi!*

40 – *Gloire en ta présence et derrière toi, en tous lieux, ô Universel! Doué d'une force infinie, d'une puissance infinie, tu embrasses l'univers, et ainsi tu es universel.*

41 – *Si, te croyant mon ami, je t'ai appelé vivement en ces termes: « Viens, Krishna; ici, Fils de Yadu; allons, mon ami »; si j'ai méconnu ta majesté, soit par ma té-mérité, soit par mon zèle;*

42 – *Si je t'ai offensé au jeu, ou à la promenade, ou cou-ché, ou assis, ou à table, soit seul, soit devant ces guer-riers: Dieu Auguste et Infini, pardonne-le-moi.*

43 – *Tu es le Père des choses mobiles et immobiles; tu es plus vénérable qu'un maître spirituel. Nul n'est égal à toi; qui donc, dans les trois mondes, pourrait te surpas-ser, ô toi dont la Majesté n'a point de bornes?*

44 – *C'est pourquoi, m'inclinant et me prosternant, j'implore ta grâce, Seigneur digne de louanges: sois-moi propice, comme un père l'est à son fils, un ami à son ami, un bien-aimé à sa bien-aimée.*

45 – *Depuis que j'ai vu la merveille que nul n'avait pu voir, la joie remplit mon cœur, mais la crainte l'agite. Montre-moi ta première forme, ô Dieu! Sois-moi propice, Seigneur des dieux, Demeure du monde:*

46 – *Je voudrais te revoir avec la tiare, la massue et le disque; reprends ta figure à quatre bras, ô toi qui as des bras et des formes sans nombre.*

Le Bienheureux dit:

47 – *C'est par ma grâce, Arjuna, et par la force de mon Union mystique, que tu as vu ma forme suprême, resplendissante, universelle, infinie, primordiale, que nul autre avant toi n'avait vue.*

48 – *Ni le Veda, ni le Sacrifice, ni la lecture, ni les libéralités, ni les cérémonies, ni les rudes pénitences ne sauraient me rendre visible à quelque autre sur terre qu'à toi seul, Fils de Kuru.*

49 – *N'aie ni peur, ni trouble, pour avoir vu ma forme épouvantable: libre de crainte, la joie dans le cœur, tu vas revoir ma première figure.*

Sanjaya dit :

50 – À ces mots, le magnanime Vâsudeva fit voir à Arjuna son autre forme et calma sa terreur en se montrant de nouveau avec un visage serein.

Arjuna dit :

51 – *Maintenant que je vois ta forme humaine et placide, ô Guerrier, je redeviens maître de ma pensée et je rentre dans l'ordre naturel.*

Le Bienheureux dit :

52 – *Cette forme si difficile à apercevoir et que tu viens de contempler, les dieux mêmes désirent sans cesse la voir.*

53 – *Mais ni les Veda, ni les austérités, ni les largesses, ni le sacrifice, ne peuvent me faire apparaître tel que tu m'as vu.*

54 – *C'est par une adoration exclusive, Arjuna, que l'on peut me connaître sous cette forme, et me voir dans ma réalité, et pénétrer en moi.*

55– *Celui qui fait tout en vue de moi, qui m'adore par-dessus toutes choses, et qui n'a de concupiscence ni de haine pour aucun être vivant, celui-là vient à moi, Fils de Pându.*

XII
Yoga de l'Adoration

Arjuna dit :

1 – *Des fidèles qui toujours en état d'Union te servent sans cesse, et de ceux qui s'attachent à l'indivisible qui ne se peut voir, lesquels connaissent le mieux l'Union mystique ?*

Le Bienheureux dit :

2 – *Ceux qui, reposant en moi leur esprit, me servent sans cesse pleins d'une foi excellente, sont ceux qui à mes yeux pratiquent le mieux la sainte Union.*

3 – *Mais ceux qui cherchent l'indivisible que l'on ne peut ni voir ni sentir, présent partout, incompréhensible, sublime, immuable, invariable,*

4 – *Et qui, soumettant tous leurs sens, tiennent leur pensée en équilibre et se réjouissent du bien de tous les vivants : ceux-là aussi m'atteignent.*

5 – Mais quand leur esprit poursuit l'invisible, leur peine est plus grande; car difficilement les choses corporelles permettent de saisir la marche de l'invisible.

6 – Ceux au contraire qui ont accompli en moi le renoncement des œuvres, ceux dont je suis l'unique Objet et qui par une Union exclusive me contemplent et me servent:

7 – Je les soustrais bientôt à cette mer des alternatives de la mort, parce que leur pensée est avec moi.

8 – Livre-moi donc ton esprit, repose en moi ta raison, et bientôt après, sans aucun doute, tu habiteras en moi.

9 – Si tu n'es point en état de reposer fermement en moi ta pensée, efforce-toi, homme généreux, de m'atteindre par une Union de persévérance.

10 – Que si tu n'es pas capable de persévérance, agis toujours à mon intention: en ne faisant rien qui ne me soit agréable, tu arriveras à la perfection.

11 – Mais cela même est-il au-dessus de tes forces? Tourne-toi vers la sainte Union; fais un acte de renoncement au fruit des œuvres, et soumets-toi toi-même.

12– *Car la science vaut mieux que la persévérance, la contemplation vaut mieux que la science; le renoncement vaut mieux que la contemplation; et tout près du renoncement est la béatitude.*

13– *L'homme sans haine pour aucun des vivants, bon et miséricordieux, sans égoïsme, sans amour-propre, égal au plaisir et à la peine, patient,*

14– *Joyeux, toujours en état d'Union, maître de soi-même, ferme dans le bon propos, l'esprit et la raison attachés sur moi, mon serviteur: cet homme m'est cher.*

15– *Celui qui ne trouble pas le monde et que le monde ne trouble pas, qui est exempt des transports de la joie et de la colère, de la crainte et des terreurs: celui-là aussi m'est cher.*

16– *L'homme sans arrière-pensée, pur, adroit, indifférent, exempt de trouble, détaché de tout ce qu'il entreprend, mon serviteur, est un homme qui m'est cher.*

17– *Celui qui ne s'abandonne ni à la joie, ni à la haine, ni à la tristesse, ni aux regrets, et qui pour me servir n'a plus souci du bon ou du mauvais succès: celui-là m'est cher.*

18 – *L'homme égal envers ses ennemis et ses amis, égal aux honneurs et à l'opprobre, égal au froid, au chaud, au plaisir, à la douleur, exempt de désir,*

19 – *Égal au blâme et à la louange, silencieux, toujours satisfait, sans domicile, ferme en sa pensée, mon serviteur, est un homme qui m'est cher.*

20 – *Mais ceux qui s'assoient, comme je l'ai dit, au saint banquet d'immortalité, pleins de foi et m'ayant pour unique objet : voilà mes plus chers serviteurs.*

XIII
Yoga de la distinction de la Matière et de l'Idée[1]

Le Bienheureux dit :

1 – *Fils de Kuntî, ce corps est appelé matière, et le sujet qui connaît est appelé par les savants Idée de la matière.*

2 – *Sache donc, Fils de Bhârata, que dans tous les êtres matériels je suis l'Idée de la matière. La science qui embrasse la matière et son Idée est à mes yeux la vraie science.*

3 – *Apprends donc en résumé la nature de la matière, ses qualités, ses modifications, son origine, ainsi que la nature de l'esprit et ses facultés.*

---

1. N.D.É. Aujourd'hui, la plupart des versions s'accordent pour traduire *kshetra* par « champ » et *kshetrajna* par « connaisseur du champ », plutôt que « matière » et « idée de la matière ». Le sens profond reste le même.

4 – *Ces sujets ont été bien des fois et séparément chantés par les sages dans des rythmes variés, et dans les vers des sûtra* brahmaniques qui traitent et raisonnent des causes.*

5 – *Les grands principes des êtres, le moi, la raison, l'abstrait, les onze organes des sens et les cinq ordres de perception;*

6 – *Puis le désir, la haine, le plaisir, la douleur, l'imagination, l'entendement, la suite des idées: voilà en résumé ce que l'on nomme la matière, avec ses modifications.*

7 – *La modestie, la sincérité, la mansuétude, la patience, la droiture, le respect du précepteur, la pureté, la constance, l'empire sur soi-même,*

8 – *L'indifférence pour les choses sensibles, l'absence d'égoïsme, le compte fait de la naissance, de la mort, de la vieillesse, de la maladie, de la douleur, du péché;*

9 – *Le désintéressement, le détachement à l'égard des enfants, de la femme, de la maison et des autres objets; la perpétuelle égalité de l'âme dans les événements désirés ou redoutés;*

10 – *Un culte constant et fidèle dans une union exclusive avec moi; la retraite en un lieu écarté; l'éloignement des joies du monde;*

11 – *La perpétuelle contemplation de l'Âme suprême; la vue de ce que produit la connaissance de la vérité; voilà ce qu'on nomme la Sagesse[1]; le contraire est l'ignorance.*

12 – *Je vais donc te dire ce qu'il faut savoir, ce qui est pour l'homme l'aliment d'immortalité. Dieu, sans commencement et suprême, ne peut être appelé un être, ni un non-être;*

13 – *Doué en tous lieux de mains et de pieds, d'yeux et d'oreilles, de têtes et de visages, Il réside dans le monde, qu'Il embrasse tout entier.*

14 – *Il illumine toutes les facultés sensitives, sans avoir Lui-même aucun sens; détaché de tout, Il est le soutien de tout; sans modes, Il perçoit tous les modes;*

15 – *Intérieur et extérieur aux êtres vivants; également immobile et en mouvement, indiscernable par sa subtilité et de loin et de près;*

16 – *Sans être partagé entre les êtres, Il est répandu en eux tous; soutien des êtres, Il les absorbe et les émet tour à tour.*

---

1. N.D.É. *Jnâna*, «connaissance» traduit par Burnouf par «science».

17 – *Lumière des corps lumineux, Il est par delà les ténèbres. Connaissance, objet de la connaissance, but de
la connaissance, Il est au fond de tous les cœurs.*

18 – *Tels sont en abrégé la matière, la connaissance, et
l'objet de la connaissance. Mon serviteur, qui sait dis-
cerner ces choses, parvient jusqu'à mon essence.*

19 – *Sache que la Nature* (Prakriti*) *et le Principe Masculin* (Purusha*) *sont exempts tous deux de commencement, et que les changements et les modes* (guna) *tirent
leur origine de la Nature.*

20 – *La cause active contenue dans l'acte corporel, c'est
la Nature : le Principe Masculin est la cause qui perçoit
le plaisir et la douleur.*

21 – *En effet, en résidant dans la Nature, ce Principe
perçoit les modes naturels ; et c'est par sa tendance vers
ces modes qu'il s'engendre dans une matrice, bonne ou
mauvaise.*

22 – *Spectateur et Moniteur, soutenant et percevant
toutes choses, souverain Maître, Âme universelle qui
réside en ce corps, tel est le Principe Masculin suprême.*

23 – *Celui qui connaît ce Principe et la Nature avec ses
modes, en quelque condition qu'il se trouve, ne doit plus
renaître.*

24 – *Plusieurs contemplent l'Âme par eux-mêmes en eux-mêmes; d'autres par une Union rationnelle; d'autres par l'Union mystique des œuvres;*

25 – *D'autres enfin, qui L'ignoraient, apprennent d'autrui à La connaître et s'y appliquent: tous ces hommes, adonnés à la Science divine, échappent également à la mortalité.*

26 – *Quand s'engendre un être quelconque, mobile ou immobile, sache, Fils de Bhârata, que cela se fait par l'union de la Matière et de l'Idée.*

27 – *Celui-là voit juste qui voit ce Principe Souverain uniformément répandu dans tous les vivants et ne périssant pas quand ils périssent;*

28 – *En le voyant égal et également présent en tous lieux, il ne se fait aucun tort à lui-même et il entre, par après, dans la voie supérieure.*

29 – *S'il voit que l'accomplissement des actes est entièrement l'œuvre de la Nature et que lui-même n'en est pas l'agent, il voit juste.*

30 – *Quand il voit l'essence individuelle des êtres résidant dans l'Unité et tirant de là son développement, il marche vers Dieu.*

31 – *Comme Elle est exempte de commencement et de modes, cette Âme suprême inaltérable, Fils de Kuntî, tout en résidant dans un corps, n'y agit pas, n'y est pas souillée.*

32 – *Comme l'air répandu en tous lieux, qui, par sa subtilité, ne reçoit aucune souillure : ainsi l'Âme demeure partout sans tache dans son union avec le corps.*

33 – *Comme le soleil éclaire à lui seul tout ce monde, ainsi l'Idée illumine toute la Matière.*

34 – *Ceux qui par l'œil de la Sagesse voient la différence de la Matière et de son Idée, et la délivrance des liens de la Nature, ceux-là vont en Haut.*

XIV
Yoga de la Distinction des Trois Qualités (Guna)

Le Bienheureux dit :

1 – *Je vais dire la Sagesse sublime, la première des sagesses, dont la possession a fait passer tous les solitaires (muni*) d'ici-bas à la béatitude ;*

2 – *Pénétrés de cette Sagesse, et parvenus à ma condition, ils ne renaissent plus au jour de l'émission, et la dissolution des choses ne les atteint pas.*

3 – *J'ai pour matrice la Divinité suprême ; c'est là que je dépose un germe qui est, ô Bhârata, l'origine de tous les vivants.*

4 – *Des corps qui prennent naissance dans toutes les matrices, le Brahman* est la matrice immense, et je suis le Père qui fournit la semence.*

5 – Sattva *(vérité)*, rajas *(instinct)*, tamas *(obscurité)*, *tels sont les modes* (guna) *qui naissent de la nature et qui lient au corps l'Âme inaltérable.*

6 – Sattva, *la vérité, brillante et saine par son incorruptibilité, l'attache par la tendance au bonheur et à la Connaissance;*

7 – Rajas, *l'instinct, parent de la passion et procédant de l'appétit, l'attache par la tendance à l'action;*

8 – *Quant à* tamas, *l'obscurité, sache, Fils de Kuntî, qu'elle procède de l'ignorance et qu'elle porte le trouble dans toutes les âmes; elle les enchaîne par la stupidité, la paresse et l'engourdissement.*

9 – Sattva *ravit les âmes dans la douceur;* rajas *les ravit dans l'œuvre;* tamas, *voilant la sagesse,[1] les ravit dans la stupeur.*

10 – Sattva *naît de la défaite de* rajas et tamas, *ô Bhârata;* rajas, *de la défaite de* tamas et sattva; tamas *de la défaite de* sattva et rajas.

11 – *Lorsque dans ce corps la lumière de la sagesse pénètre par toutes les portes,* sattva *alors est dans sa maturité.*

---

1. N.D.É. Burnouf traduit ici *jnâna** par «vérité», alors qu'il s'agit bien de la «connaissance», de la «sagesse» ou de la «gnose» que l'on peut avoir de la Vérité.

12 – *L'ardeur à entreprendre les œuvres et à y procéder, l'inquiétude, le vif désir, naissent de* rajas *parvenu à sa maturité.*

13 – *L'aveuglement, la lenteur, la stupidité, l'erreur, naissent, Fils de Kuru, de* tamas *parvenu à sa maturité.*

14 – *Lorsque dans l'âge mûr de* sattva, *un mortel arrive à la dissolution de son corps, il se rend à la demeure sans tache des clairvoyants.*

15 – *Celui qui meurt dans* rajas, *renaît parmi des êtres poussés par la passion d'agir. Si l'on meurt dans* tamas, *on renaît dans la matrice d'une race stupide.*

16 – *Le fruit d'une bonne action est appelé pur et vrai* (sattva); *le fruit de la passion* (rajas) *est le malheur; celui de l'obscurité* (tamas) *est l'ignorance.*

17 – *De* sattva *naît la sagesse; de* rajas *l'ardeur avide; de* tamas *naissent la stupidité, l'erreur et l'ignorance aussi.*

18 – *Les hommes de vérité (en* sattva) *vont en haut; les passionnés (en* rajas), *dans une région moyenne; les hommes de ténèbres (en* tamas), *qui demeurent dans la condition infime, vont en bas.*

19 – *Quand un homme considère et reconnaît qu'il n'y a pas d'autre agent que ces trois qualités (guna), et sait Ce qui leur est supérieur, alors il marche vers ma condition.*

20 – *Le mortel qui a franchi ces trois qualités issues du corps, échappe à la naissance, à la mort, à la vieillesse, à la douleur, et se repaît d'ambroisie.*

Arjuna dit :

21 – *Quel signe, Seigneur, porte celui qui a franchi les trois qualités ? Quelle est sa conduite ? Et comment s'affranchit-il de ces qualités ?*

Le Bienheureux dit :

22 – *Fils de Pându, celui qui en présence de l'évidence, de l'activité, ou de l'erreur, ne les hait pas, et qui, en leur absence, ne les désire pas ;*

23 – *Qui assiste à leur développement en spectateur et sans s'émouvoir, et s'éloigne avec calme en disant : « C'est la marche des guna » ;*

24 – *Celui qui, égal au plaisir et à la douleur, maître de lui-même, voit du même œil la motte de terre, la pierre et l'or ; tient avec fermeté la balance égale entre les joies et les peines, entre le blâme et l'éloge qu'on fait de lui,*

25 – *Entre les honneurs et l'opprobre, entre l'ami et l'ennemi ; qui pratique le renoncement dans tous ses actes : celui-là s'est affranchi des qualités (guna).*

26 – *Quand on me sert dans l'union d'un culte qui ne varie pas, on a franchi les guna, et l'on devient participant de l'Essence de Dieu.*

27 – *Car je suis la Demeure de Dieu, de l'inaltérable Ambroisie, de la Justice éternelle et du Bonheur infini.*

XV
Yoga de la Marche vers le Principe Masculin Suprême

Le Bienheureux dit :

1 – Il est un figuier perpétuel, un ashvattha *qui pousse en haut ses racines, en bas ses rameaux, et dont les feuilles sont des poèmes. Celui qui le connaît, connaît le Veda.*

2 – Il a des branches qui s'étendent en haut et en bas, ayant pour rameaux les guna, *pour bourgeons les objets sensibles ; il a aussi des racines qui s'allongent vers le bas et qui, dans ce monde, enchaînent les humains par le lien des œuvres.*

3 – Ici-bas on ne saisit bien ni sa forme, ni sa fin, ni son commencement, ni sa place. Quand, avec le glaive solide du non-attachement l'homme a coupé ce figuier aux fortes racines,

4 – *Il faut dès lors qu'il cherche le Lieu où l'on va pour ne plus revenir. Or, c'est moi qui le conduis à ce Principe Masculin (Purusha) primordial d'où est issue l'antique émanation du monde.*

5 – *Quand il a vaincu l'orgueil, l'erreur et le vice de la concupiscence, fixé sa pensée sur l'Âme suprême, éloigné les désirs, mis fin au combat spirituel du plaisir et de la douleur : il marche sans s'égarer vers la Demeure éternelle.*

6 – *Ce Lieu d'où l'on ne revient pas ne reçoit sa lumière ni du soleil, ni de la lune, ni du feu : c'est là mon Séjour Suprême.*

7 – *Dans ce monde de la vie, une portion de moi-même, qui anime les vivants et qui est immortelle, attire à soi l'esprit et les six sens qui résident dans la nature :*

8 – *Quand ce Maître Souverain prend un corps ou l'abandonne, Il les a toujours avec Lui dans Sa marche, pareil au vent qui se charge des odeurs.*

9 – *S'emparant de l'ouïe, de la vue, du toucher, du goût, de l'odorat et du sens intérieur, Il entre en commerce avec les choses sensibles.*

10 – *À son départ, pendant son séjour et dans son exercice même, les esprits troublés ne L'aperçoivent pas sous les qualités; mais ceux qui ont l'œil de la Sagesse[1] Le voient;*

11 – *Ceux qui s'exercent dans l'Union mystique Le voient aussi en eux-mêmes; mais ceux qui, même en s'exerçant, ne se sont pas encore amendés, n'ont pas l'intelligence en état de Le voir.*

12 – *La splendeur qui du soleil reluit sur tout le monde, celle qui reluit dans la lune et dans le feu, sache que c'est ma splendeur.*

13 – *Pénétrant la terre, je soutiens les vivants par ma puissance, je nourris toutes les herbes des champs et je deviens le soma savoureux.*

14 – *Sous la forme de la chaleur, je pénètre le corps des êtres qui respirent, et m'unissant au double mouvement de la respiration, j'assimile en eux les quatre sortes d'aliments.*

---

1. N.D.É. *Jnâna Cakshushah* est «œil de la Sagesse», et n'induit pas seulement une idée d'«instruction», comme indiqué par Burnouf.

15 – *Je réside en tous les cœurs : de moi procèdent la mé-moire, la sagesse et leur absence.[1] Dans tous les Veda, c'est moi qu'il faut chercher à reconnaître ; car je suis L'Auteur du Vedânta* et je suis Celui qui connaît les Veda.[2]*

16 – *Voici les Deux Principes Masculins (Purusha) qui sont dans le monde : l'un est périssable, l'autre est impé-rissable[3] ; le périssable est réparti entre tous les vivants ; l'impérissable est appelé Supérieur.*

17 – *Mais il est un autre Principe Masculin Primordial, Souverain, Indestructible, qui porte le nom d'Âme Su-prême, et qui pénètre dans les trois mondes et les sou-tient.*

18 – *Et comme je surpasse le périssable et même l'impé-rissable, dans le monde et dans le Veda l'on m'appelle Principe Masculin Suprême.*

19 – *Celui qui, sans se troubler, me reconnaît à ce nom, connaît l'ensemble des choses et m'honore par toute sa conduite.*

---

1. N.D.É. : *apohanam.* E.B. traduit : «...la mémoire, la science et le raisonnement.

2. N.D.É. : *vedântakrd* et *vedavid* E.B. traduit : «auteur de la théolo-gie» et «théologien».

3. N.D.É. : *kshara, akshara,* qu'E.B. traduit par «divisible» et «indi-visible».

20 – *Ô Guerrier sans péché, je t'ai exposé la plus mystérieuse des doctrines. Celui qui la connaît doit être un sage et son œuvre doit être accomplie.*

XVI
Yoga de la Distinction de la Condition Divine et de la Condition Démoniaque

Le Bienheureux dit :

1 – Le courage, la purification de l'âme, la persévérance dans l'Union mystique de la connaissance (jnâna yoga), la libéralité, la tempérance, la piété, la méditation, l'austérité, la droiture,

2 – L'humeur pacifique, la véracité, la douceur, le renoncement, le calme intérieur, la bienveillance, la pitié pour les êtres vivants, la paix du cœur, la mansuétude, la pudeur, la gravité,

3 – La force, la patience, la fermeté, la pureté, l'éloignement des offenses, la modestie : telles sont, ô Bhârata, les vertus de celui qui est né dans une condition divine.

4 – *L'hypocrisie, l'orgueil, la vanité, la colère, la dure-té de langage, l'ignorance, tels sont, Fils de Prithâ, les signes de celui qui est né dans la condition des Asura.*

5 – *Un sort divin mène à la délivrance ; un sort d'Asura mène à la servitude. Ne pleure pas, Fils de Pându, tu es d'une condition divine.*

6 – *Il y a deux natures parmi les vivants, celle qui est divine, et celle des Asura. Je t'ai expliqué longuement la première : écoute aussi ce qu'est l'autre.*

7 – *Les hommes d'une nature infernale ne connaissent pas l'émanation et le retour ; on ne trouve en eux ni pureté, ni règle, ni vérité.*

8 – *Ils disent qu'il n'existe dans le monde ni vérité, ni ordre, ni providence ; que le monde est composé de phénomènes se poussant l'un l'autre, et n'est rien qu'un jeu du hasard.*

9 – *Ils s'arrêtent dans cette manière de voir ; et, se perdant eux-mêmes, rapetissant leur intelligence, ils se livrent à des actions violentes et sont les ennemis du genre humain.*

10 – *Livrés à des désirs insatiables, enclins à la fraude, à la vanité, à la folie, l'erreur les entraîne à d'injustes prises et leur inspire des vœux impurs.*

11 – *Leurs pensées sont errantes : ils croient que tout finit avec la mort ; attentifs à satisfaire leurs désirs, persuadés que tout est là.*

12 – *Enchaînés par les nœuds de mille espérances, tout entiers à leurs souhaits et à leurs colères ; pour jouir de leurs vœux, ils s'efforcent, par des voies injustes, d'amasser toujours :*

13 – *« Voilà, disent-ils, ce que j'ai gagné aujourd'hui ; je me procurerai cet agrément ; j'ai ceci, j'aurai ensuite cet autre bénéfice...*

14 – *« J'ai tué cet ennemi, je tuerai aussi les autres. Je suis un prince, je suis riche, je suis heureux, je suis fort, je suis joyeux ;*

15 – *« Je suis opulent ; je suis un grand seigneur. Qui donc est semblable à moi ? Je ferai des sacrifices, des largesses ; je me donnerai du plaisir. » Voilà comme ils parlent, égarés par l'ignorance.*

16 – *Agités de nombreuses pensées, enveloppés dans les filets de l'erreur, occupés à satisfaire leurs désirs, ils tombent dans un enfer impur.*

17 – *Pleins d'eux-mêmes, obstinés, remplis de l'orgueil et de la folie des richesses, ils offrent des sacrifices hypocrites, où la règle n'est pas suivie et qui n'ont du sacrifice que le nom.*

18 – *Égoïstes, violents, vaniteux, licencieux, colériques, détracteurs d'autrui, ils me détestent dans les autres et en eux-mêmes.*

19 – *Mais moi, je prends ces hommes haineux et cruels, ces hommes du dernier degré, et à jamais je les jette aux vicissitudes de la mort, pour renaître misérables dans des matrices de démons.*

20 – *Tombés dans une telle matrice, s'égarant de génération en génération, sans jamais m'atteindre, ils entrent enfin, Fils de Kuntî, dans la voie infernale.*

21 – *L'enfer a trois portes par où ils se perdent : le désir, la colère et l'avarice. Il faut donc les éviter.*

22 – *L'homme qui a su échapper à ces trois portes de ténèbres est sur le chemin du salut et marche dans la voie supérieure.*

23 – *Mais l'homme qui s'est soustrait aux commande-ments de la Loi pour ne suivre que ses désirs n'atteint pas la perfection, ni le bonheur, ni la voie d'en haut.*

24 – *Que la Loi soit ton autorité et t'apprenne ce qu'il faut faire ou ne pas faire. Connaissant donc ce qu'or-donnent les préceptes de la Loi, veuille ici les suivre.*

XVII
Yoga des
Trois Espèces de Foi

Arjuna dit :

1 – Ceux qui, négligeant les règles de la Loi, offrent avec foi le sacrifice, quelle est leur place, ô Krishna ? Est-ce celle de la vérité (sattva), de la passion (rajas), ou de l'obscurité (tamas) ?

Le Bienheureux dit :

2 – Il y a trois sortes de foi parmi les hommes : chaque espèce dépend de la nature de chacun. Conçois en effet qu'elle tient ou de la vérité (sattva), ou de la passion (rajas), ou des ténèbres (tamas),

3 – Et qu'elle suit le caractère de la personne ; le croyant se modèle sur l'objet auquel il a foi :

4 – *Les hommes de vérité* (sattva) *sacrifient aux dieux; les hommes de passion* (rajas), *aux* Yaksha *et aux* Rakshasa; *les hommes de ténèbres* (tamas), *aux revenants et aux spectres.*

5 – *Les hommes qui se livrent à de rudes pénitences et qui n'en sont pas moins hautains, égoïstes, pleins de désir, de passion, de violence,*

6 – *Torturant dans leur folie les principes de vie qui composent leur corps, et moi-même aussi qui réside dans leur intimité: sache qu'ils raisonnent comme des* Asura.

7 – *Il y a aussi, selon les personnes, trois sortes d'aliments agréables, trois sortes de sacrifice, d'austérité, de libéralité: écoutes-en les différences.*

8 – *Les aliments substantiels, qui augmentent la vie, la force, la santé, le bien-être, la joie: aliments savoureux, doux, fermes, suaves, plaisent aux hommes de vérité* (sattva).

9 – *Les hommes de désir* (rajas) *aiment les aliments âcres, acides, salés, très chauds, amers, acerbes, échauffants, aliments féconds en douleurs et en maladies.*

10 – *Un aliment vieux, affadi, de mauvaise odeur, corrompu, rejeté même et souillé, est la nourriture qui plaît aux hommes de ténèbres* (tamas).

11 – *Le sacrifice offert selon la règle, sans égard pour la récompense, avec la seule pensée d'accomplir l'œuvre sainte, est un sacrifice* « sattva ».

12 – *Mais celui que l'on offre en vue d'une récompense et avec hypocrisie, ô Le Meilleur des Bhârata, est un sacrifice* « rajas ».

13 – *Celui que l'on offre hors de la règle, sans distribution d'aliments, sans hymnes, sans honoraires pour le prêtre, sans foi, est nommé sacrifice* « tamas ».

14 – *Le respect aux dieux, aux brahmanes, au guru, aux sages, la pureté, la droiture, la chasteté, la non-violence[1], sont appelés austérité du corps.*

15 – *Un langage modéré, véridique, plein de douceur, l'usage des lectures pieuses, sont l'austérité de la parole.*

16 – *La paix du cœur, le calme, le silence, l'empire de soi-même, la purification de son être, telle est l'austérité du cœur.*

---

1. N.D.É. : *Ahimsa* : « non-violence ». E.B. traduit par « mansuétude ».

17 – *Cette triple austérité, pratiquée par les hommes pieux, avec une foi profonde et sans souci de la récompense, est appelée conforme à la vérité (sattva).*

18 – *Une austérité hypocrite, pratiquée pour l'honneur, le respect et les hommages qu'elle procure, est une austérité de passion (rajas) ; elle est instable et incertaine.*

19 – *Celle qui, née d'une imagination égarée, n'a d'autre but que de se torturer soi-même ou de perdre les autres, est une austérité de ténèbres (tamas).*

20 – *Un don fait avec le sentiment du devoir, à un homme qui ne peut payer de retour, don fait en temps et lieu et selon le mérite, est un don de vérité (« sattvique »).*

21 – *Un présent fait avec l'espoir d'un retour ou d'une récompense et comme à contrecœur, procède du désir (« rajasique »).*

22 – *Un don fait à des indignes, hors de son temps et de sa place, sans déférence, d'une manière offensante, est un don de ténèbres (« tamasique »).*

23 – Ôm Tat Sat *(Ôm. Lui. L'Être[1]). Telle est la triple désignation de Dieu ; c'est par Lui que jadis furent constitués les brahmanes, les Veda et le sacrifice.*

24 – *C'est pourquoi les théologiens n'accomplissent jamais les actes du sacrifice, de la charité ou des austérités, fixés par la règle, sans avoir prononcé le mot Ôm.*

25 – Tat *(Lui) : voilà ce que disent, sans l'espoir d'un retour, ceux qui désirent la délivrance, lorsqu'ils accomplissent les actes divers du sacrifice, de la charité ou des austérités.*

26 – *Quand il s'agit d'un acte de vérité ou de probité, on emploie ce mot :* Sat* *(le Bien) ; on le prononce aussi pour toute action digne d'éloges ;*

27 – *La persévérance dans la piété, l'austérité, la charité, sont encore désignées par ce mot :* Sat *(le Bien) ; et toute action qui a pour objet ces vertus est désignée par ce même mot.*

28 – *Mais tout sacrifice, tout présent, toute pénitence, toute action accomplie sans la foi, est appelée mauvaise, Fils de Prithâ, et n'est rien ni en cette vie dans l'autre.*

---

1. « Sat », traduit par Burnouf par « le Bien », désigne l'Être Réel, par opposition à l'être transitoire.

XVIII
Yoga du Renoncement
et de la Délivrance

Arjuna dit :

1 – *Héros Chevelu, je voudrais connaître l'essence du renoncement et de l'abnégation, ô Meurtrier de Keshin.*

Le Bienheureux dit :

2 – *Les poètes appellent renoncement la renonciation aux œuvres du désir ; et les savants appellent abnégation l'abandon du fruit de toutes les œuvres.*

3 – *Quelques sages disent que toute œuvre dont il faut faire l'abandon est une sorte de péché ; d'autres disent qu'on ne doit pas le faire pour les œuvres de piété, de munificence et d'austérité.*

4 – Écoute maintenant, ô le meilleur des Bhârata, mon précepte touchant l'abnégation. Chef des guerriers, il en faut distinguer trois sortes.

5 – On ne doit pas renoncer aux œuvres de piété, de charité, ni de pénitence : car un sacrifice, un don, une pénitence, sont pour les sages des purifications.

6 – Mais quand on a ôté le désir et renoncé au fruit de ces œuvres, mon décret, ma volonté suprême est qu'on les fasse.

7 – La renonciation à un acte nécessaire n'est pas praticable : une telle renonciation est un égarement d'esprit et naît des ténèbres.

8 – Celui qui, redoutant une fatigue corporelle, renonce à un acte et dit : « Cela est pénible », n'agit là que par instinct et ne recueille aucun fruit de son renoncement.

9 – Tout acte nécessaire, Arjuna, s'accomplit en disant : « Il faut le faire », et si l'auteur a supprimé le désir et abandonné le fruit de ses œuvres, c'est l'essence même de l'abnégation.

10 – Un homme en qui est l'essence de l'abnégation, un homme intelligent et à l'abri du doute, n'a ni éloignement pour un acte malheureux ni attache pour une œuvre prospère.

11 – *Car il n'est pas possible que l'homme doué d'un corps s'abstienne absolument de toute action; mais s'il s'est détaché du fruit de ses actes, dès lors il pratique l'abnégation.*

12 – *Désirée, non désirée, mêlée de l'un et de l'autre, telle est après la mort la triple récompense de ceux qui n'ont point eu d'abnégation, mais non de ceux qui l'ont pratiquée.*

13 – *Apprends de moi, ô Guerrier, les cinq principes proclamés par la théorie démonstrative comme contenus dans tout acte complet.*

14 – *Ce sont, d'une part, la puissance directrice, l'agent et l'instrument; de l'autre, les efforts divers, et en cinquième lieu, l'intervention divine.*

15 – *Toute œuvre juste ou injuste que l'homme accomplit en action, en parole ou en pensée, procède de ces cinq causes.*

16 – *Cela étant, celui qui, par ignorance, se considère comme l'agent unique de ses actes, voit mal et ne comprend pas.*

17 – *Celui qui n'a pas l'orgueil de soi-même, et dont la raison n'est point obscurcie, tout en tuant ces guerriers, n'est pas pour cela un meurtrier et n'est pas lié par le péché.*

18 – *La connaissance, son objet, son sujet, tel est le triple moteur de l'action; l'organe, l'acte, l'agent, telle est sa triple compréhension.*

19 – *La connaissance, l'action et l'agent sont de trois sortes selon leurs qualités diverses. La théorie des qualités t'ayant été exposée, écoute ce qui s'ensuit:*

20 – *Une connaissance qui montre dans tous les êtres vivants l'Être unique et inaltérable, et l'indivisible dans les êtres séparés, est une connaissance de vérité (« sattvique »).*

21 – *Celle qui, dans les êtres divers, considère la nature individuelle de chacun d'eux, est une connaissance instinctive (« rajasique »).*

22 – *Une connaissance qui s'attache à un acte particulier comme s'il était tout à lui seul, connaissance sans principes, étroite, peu conforme à la nature du vrai, est appelée connaissance des ténèbres (« tamasique »).*

23 – *Un acte nécessaire, soustrait à l'instinct et fait par un homme exempt de désir et de haine et qui n'aspire pas à la récompense, est un acte de vérité (« sattvique »).*

24 – *Un acte accompli avec de grands efforts pour satisfaire un désir ou en vue de soi-même, est un acte de passion (« rajasique »).*

25 – *Un acte follement entrepris par un homme, sans égard pour les conséquences, le dommage ou l'offense, et pour ses forces personnelles, est un acte de ténèbres (« tamasique »).*

26 – *L'homme dépourvu de passion, d'égoïsme, doué de constance et de courage, que le succès ou les revers ne font point changer, est un agent de vérité (« sattvique »).*

27 – *L'homme passionné, aspirant au prix de ses œuvres, avide, prompt à nuire, impur, livré aux excès de la joie ou du chagrin, est un agent de passion (« rajasique »).*

28 – *L'homme incapable, vil, obstiné, trompeur, négligent, oisif, paresseux, toujours prêt à s'asseoir et à traîner en longueur, est un agent de ténèbres (« tamasique »).*

29 – *Écoute aussi, ô Vainqueur des richesses, pleinement et dans ses parties, la triple division de la raison et de la persévérance, selon ses qualités personnelles.*

30 – *Une intelligence (buddhi) qui connaît l'apparition et la terminaison des choses à faire ou à éviter, de la crainte et du courage, du lien et de la délivrance, est une intelligence de vérité (« sattvique »).*

31 – *Celle qui distingue confusément le juste et l'injuste, ce qu'il faut faire ou éviter, est une intelligence instinctive (« rajasique »).*

32 – *Une intelligence enveloppée d'obscurité, qui appelle juste l'injuste et intervertit toutes choses, ô Fils de Prithâ, est une intelligence ténébreuse.*

33 – *Une persévérance qui retient les actes de l'esprit, du cœur et des sens dans une Union mystique invariable est une persévérance conforme à la vérité (« sattvique »).*

34 – *Celle, ô Arjuna, qui poursuit le bien, l'agréable et l'utile, dirigée selon l'instinct vers le fruit des œuvres, est une persévérance de passion (« rajasique »).*

35 – *Une persévérance inintelligente qui ne délivre pas l'homme de la somnolence, de la crainte, de la tristesse, de l'épouvante et de la folie, est de la nature des ténèbres (« tamasique »).*

36 – *Écoute encore, ô Prince, les trois espèces de plaisir. Quand un homme, par l'exercice, se maintient dans la joie et a mis fin à la tristesse,*

37 – *Et quand pour lui, ce qui d'abord était comme un poison est à la fin comme une ambroisie : alors son plaisir est appelé véritable (« sattvique ») ; car il naît du calme intérieur de sa buddhi.*

38 – *Celui qui, né de l'application des sens à leurs objets, ressemble d'abord à l'ambroisie et plus tard à du poison est un plaisir de passion («rajasique»).*

39 – *Celui qui, favorisé par l'inertie, la paresse et l'égarement, n'est, à sa naissance et dans ses suites, qu'un trouble de l'âme, est pour cela un plaisir de ténèbres («tamasique»).*

40 – *Il n'existe ni sur terre ni au ciel parmi les dieux, aucune essence qui soit exempte de ces trois qualités issues de la nature.*

41 – *Entre les* brahmanes, *les* kshatriya, *les* vaishya *et les* shûdra, *les fonctions ont été partagées conformément à leurs qualités naturelles.*

42 – *La paix, la continence, l'austérité, la pureté, la patience, la droiture, la sagesse avec ses distinctions,[1] la connaissance des choses divines : telle est la fonction du brahmane, née de sa propre nature.*

43 – *L'héroïsme, la vigueur, la fermeté, l'adresse, l'intrépidité au combat, la libéralité, la dignité d'un chef : voilà ce qui convient naturellement au* kshatriya.

---

1. N.D.É. : vijnâna : «connaissance discriminante».

44 – *L'agriculture, le soin des troupeaux, le négoce sont la fonction naturelle du* vaishya. *Enfin, servir les autres est celle qui appartient aux* shûdra.

45 – *L'homme satisfait de sa fonction, quelle qu'elle soit, parvient à la perfection. Écoute toutefois comment un tel homme peut y parvenir.*

46 – *C'est en honorant par ses œuvres Celui de Qui sont émanés les êtres et par Qui a été déployé cet univers, que l'homme atteint à la perfection.*

47 – *Il vaut mieux remplir sa fonction, même moins relevée que celle d'autrui, même supérieure ; car en faisant l'œuvre qui dérive de sa nature, un homme ne commet point de péché.*

48 – *Et qu'il ne renonce pas à remplir son œuvre naturelle, même quand elle semble unie au mal : car toutes les œuvres sont enveloppées par le mal, comme le feu par la fumée.*

49 – *L'homme dont l'esprit s'est dégagé de tous les liens, qui s'est vaincu soi-même et a chassé les désirs, arrive par ce renoncement à la suprême perfection du repos.*

50 – *Comment, parvenu à ce point, il atteint Dieu Lui-même, apprends-le de moi en résumé, Fils de Kuntî ; car c'est là le dernier terme de la science.*

51 – *La raison purifiée, ferme en son cœur, soumis, détaché du bruit et des autres sensations, ayant chassé les désirs et les haines.*

52 – *Seul en un lieu solitaire, vivant de peu, maître de sa parole, de son corps et de sa pensée toujours pratiquant l'Union spirituelle, attentif à écarter les passions.*

53 – *Exempt d'égoïsme, de violence, d'orgueil d'amours, de colère, privé de tout cortège, ne pensant pas à lui-même, pacifié : il devient participant de la nature de Dieu.*

54 – *Uni à Dieu, l'âme sereine, il ne souffre plus, il ne désire plus. Égal envers tous les êtres, il reçoit mon culte suprême ;*

55 – *Par ce culte, il me connaît, tel que je suis, dans ma grandeur, dans mon essence ; et me connaissant de la sorte, il entre en moi et ne se distingue plus.*

56 – *Celui qui, sans relâche, accomplit sa fonction en s'adressant à moi, atteint aussi, par ma grâce, à la demeure éternelle et immuable.*

57 – *Fais donc en moi par la pensée, le renoncement de toutes les œuvres ; pratique l'Union spirituelle, et pense à moi toujours ;*

58 – *En pensant à moi, tu traverseras par ma grâce tous les dangers ; mais si, par orgueil, tu ne m'écoutes, tu périras.*

59 – *T'en rapportant à toi-même, tu te dis : « Je ne combattrai pas » ; c'est une résolution vaine ; la nature te fera violence.*

60 – *Lié par ta fonction naturelle, Fils de Kuntî, ce que dans ton erreur tu désires ne pas faire, tu le feras malgré toi-même.*

61 – *Dans le cœur de tous les vivants, Arjuna, réside un Maître qui les fait mouvoir par Sa magie comme par un mécanisme caché.*

62 – *Réfugie-toi en Lui de toute ton âme, ô Bhârata ; par Sa grâce, tu atteindras à la Paix suprême, à la demeure éternelle.*

63 – *Je t'ai exposé la science dans ses mystères les plus secrets. Examine-la toute entière, et puis agis selon ta volonté.*

64 – *Toutefois, écoute encore mes dernières paroles où se résument tous les mystères, car tu es mon bien-aimé ; mes paroles te seront profitables.*

65 – Pense à moi; sers-moi; offre-moi le sacrifice et l'adoration : par là, tu viendras à moi; ma promesse est véridique, et tu m'es cher.

66 – Renonce à tout autre culte; que je sois ton unique refuge; je te délivrerai de tous les péchés : ne pleure pas.

67 – Ne répète mes paroles ni à l'homme sans continence, ni à l'homme sans religion, ni à qui ne veut pas entendre, ni à qui me renie.

68 – Mais celui qui transmettra ce mystère suprême à mes serviteurs, me servant lui-même avec ferveur, viendra vers moi sans aucun doute;

69 – Car nul homme ne peut rien faire qui me soit plus agréable; et nul autre sur terre ne me sera plus cher que lui.

70 – Celui qui lira le saint entretien que nous venons d'avoir, m'offrira par là même un sacrifice de connaissance : telle est ma pensée.

71 – Et l'homme de foi qui, sans résistance, l'aura seulement écouté, obtiendra aussi la délivrance et ira dans le séjour des bienheureux dont les œuvres ont été pures.

72 – Fils de Prithâ, as-tu écouté ma parole en fixant ta pensée sur l'Unité? Le trouble de l'ignorance a-t-il disparu pour toi, Prince Généreux?

Arjuna dit :

73 – *Le trouble a disparu. Dieu auguste, j'ai reçu par ta grâce la tradition sainte. Je suis affermi ; le doute est dissipé ; je suivrai ta parole.*

Sanjaya dit :

74 – Ainsi, tandis que parlaient Vâsudeva (le Seigneur Krishna) et le magnanime fils de Prithâ, j'écoutais la conversation sublime qui fait dresser la chevelure.

75 – Depuis que, par la grâce de Vyâsa, j'ai entendu ce mystère suprême de l'Union mystique, exposé par le Maître de l'Union Lui-même, par Krishna :

76 – Ô mon Roi, je me rappelle, je me rappelle sans cesse ce sublime, ce saint dialogue d'Arjuna et du Guerrier Chevelu, et je suis dans la joie toujours, toujours.

77 – Et quand je pense, quand je pense encore à cette Forme surnaturelle de Hari, je demeure stupéfait et ma joie n'a plus de fin.

78 – Là où est le Maître de l'Union Krishna, là où est l'archer fils de Prithâ, là aussi est le bonheur, la victoire, le salut, là est la stabilité : telle est ma pensée.

Fin de la *Bhagavad-Gîtâ*

Que tous les êtres soient heureux !

GLOSSAIRE

Âtma, Âtman	Le «Soi» individuel, ou «Moi». Nom donné au Principe éternel en tant qu'il est «enveloppé» dans un corps individuel. Identique, dans son essence, au «Soi» universel, *Brahman*.
Brahmâ	Dieu créateur, l'une des trois Divinités de la *Trimûrti* hindoue. Peu de cultes lui sont rendus, à l'inverse des deux autres, Vishnou et Shiva, qui rassemblent à eux seuls la quasi-totalité des cultes hindous. À ne pas confondre avec le *Brahman*, qui est l'Absolu suprême.
Brahmacharya	Premier état de la vie, celui de l'«étude», pendant lequel l'étudiant fait vœu de chasteté.
Brahman	L'Absolu, le Fondement suprême de toutes choses.
Brahmane	Membre de la caste sacerdotale, première des quatre grandes castes hindoues.
Buddhi	Principe de l'Intellect supérieur, Intelligence pure du Soi. C'est, en l'homme, le premier degré de manifestation du *Brahman*, son premier reflet dans le monde manifesté: l'intelligence divine en l'homme.

Dharma	L'Ordre cosmique, la Règle, qui dicte à chacun ses devoirs.
Guna	Composants de la nature, au nombre de trois : *sattva, rajas, tamas*.
Jnâna	Connaissance, notamment de la Réalité, du *Brahman*.
Kalpa	Durée cyclique, «d'un jour de *Brahmâ*», correspondant à des centaines de milliards d'années humaines.
Karma	Action, acte, œuvre rituelle.
Kshatriya	Membre de la deuxième grande caste, la caste princière, caste des guerriers.
Mâyâ	Illusion cosmique, par rapport à la Réalité immuable du *Brahman*. L'univers manifesté est ainsi considéré comme le produit d'une « magie » créatrice, surimposée au Réel.
Muni	«Silencieux», «Solitaire».
Prakriti	La Nature, la Substance primordiale, la Cause, composée des trois *guna*.
Purusha	L'Homme primordial, Principe Masculin suprême, un des noms de l'Absolu.
Rajas	*Guna* de l'énergie, l'activité, la passion, dont la présence trouble l'équilibre et la pureté de *sattva*. Par extension, lorsque *rajas* est dominant, dans tel ou tel aspect de la nature, on emploie l'adjectif « rajasique ».
Sâmkhya	L'un des six systèmes de philosophie de l'hindouisme, visant le salut par le renoncement et la Connaissance.
Sat	L'Être, le vrai, le réel.

Sattva	*Guna* de la pureté, la lumière, la paix, qui est dominante lorsqu'il y a équilibre, connaissance, vérité. Chez le *jnâni*, «celui qui a réalisé la connaissance ultime du Soi, *Atma*», c'est *sattva* qui prédomine. La prédominance de *sattva* est appelée «sattvique».
Shûdra	Membre de la quatrième caste, la caste des «serfs», des serviteurs.
Sûtra	«Fil», ce mot désigne les traités exposant les enseignements des vérités spirituelles, qui sont tous traversés par le même «fil».
Tamas	*Guna* des ténèbres, de l'obscurité, de l'inertie et la lourdeur, l'ignorance et l'aveuglement. Elle alourdit et assombrit la subtilité et la lumière de *sattva*. Lorsque *tamas* prédomine, l'adjectif employé est «tamasique».
Vaishya	Membre de la troisième grande caste, la caste des marchands, des agriculteurs et des commerçants.
Veda	Ensemble de textes révélés des hindous. Ils sont au nombre de quatre: *Rig, Sâma, Yajur, Atharva*.
Vedânta	Littéralement, signifie «Fin du Veda». Système métaphysique enseignant l'identité d'*Atman* et *Brahman* (le Soi et l'Absolu). Il est fondé sur les *Upanishad*, textes issus de la révélation védique, ainsi que les *Brahma-sûtra* et la *Bhagavad-gîtâ*.

Ouvrages parus aux éditions Discovery,
Série Nataraj

Bhagavad-Gîta
Le Chant du Bienheureux
Traduction d'Émile Burnouf

« *Ce livre est probablement le plus beau qui soit sorti de la main des hommes. Jamais on n'a énoncé avec plus de force l'Unité du principe absolu des choses, essence et point culminant de la pensée indienne. De là découle une morale qu'on n'a point surpassée, morale non seulement théorique, mais pratique par excellence, unissant les plus nobles affections de la nature humaine à la loi stoïque du désintéressement. Il faut lire ce petit livre et s'en nourrir. Nous en avons le plus grand besoin.* » (Émile Burnouf)

« *Bhagavad-Gîtâ* » signifie « Le Chant du Bienheureux », le Seigneur Krishna. Datant du Ve siècle av. J.-C., il fait partie de l'épopée du *Mahâbhârata*. C'est le livre de la religion de Vishnou, mais, bien plus, celui de tous les hindous, quel que soit leur culte. Même hors des frontières de l'Inde, l'enseignement de la dévotion, de la méditation et du détachement par Krishna à Arjuna émeut toutes les sensibilités spirituelles.

Je Suis Shiva!

(Shivoham)

Shankarâchârya

Hymnes à la Non-dualité

« Je suis Shiva ! » (*shivoham*) : ainsi s'exclame le sage qui a réalisé sa nature véritable : « Shiva » désigne ici l'Absolu, au-delà des distinctions religieuses, le « Soi », essence de tous les « moi ». Littéralement, en sanscrit *« shiva »* signifie « favorable, bénéfique, bienfaisant ». C'est le nom du Bien suprême... Pour l'Advaïta (non-dualisme) des indous, ce « Bien » est l'unique Réalité, l'Un-sans-second, à découvrir en soi. Les trois hymnes présentés ici sont l'œuvre de Shankara, le maître de l'Advaïta Vedânta du VIIIᵉ siècle, qui se plait à mêler la joie du « Délivré-vivant » à l'enseignement sans concession du Guru :

- *Prâtah Smaranam*, la « Méditation du matin » ;

- *Bhaja Govindam*, célèbre chant spirituel et recueil d'instructions pour les aspirants à la Délivrance ;

- *Nirvana Shatkam*, où le récitant affirme sa pure « shivaïté » (*shivoham*).

Kaivalya Upanishad

La solitude comblée

Traduction d'après Paul Deussen

Nous sommes en Inde il y a plus de deux millénaires. Ce livre témoigne du moment crucial, dans le dialogue de maitre à disciple, celui de la transfiguration, où la conscience du « moi » (*jîva*), devient Conscience du « Soi » (Shiva) :

« *Cette* Upanishad *décrit l'«Absoluité», c'est-à-dire l'état de l'homme qui, sur la voie du renoncement (tyâga), s'est libéré de tout attachement au monde et qui, en conséquence, se connait et se ressent uniquement en tant qu'essence divine, présente en toutes choses. La beauté de l'*Upanishad *éclate particulièrement à partir de la strophe 17, lorsque le disciple lui-même commence à parler, exprimant sa conscience de son identité avec Dieu...* » (Paul Deussen)

« Kaivalya *est la solitude comblée, l'exclusivité de l'Un, au moment où, sous l'influence de la grâce divine, l'homme saisit le Soi comme l'absolu qu'il est par nature.* » (Lilian Silburn)

OM

La Syllabe Primordiale

Textes recueillis et présentés par Roberto Caputo

« Om est la syllabe suprême,
Sa méditation est la méditation suprême »
(Atharvashikâ Upanishad, I)

Om : la révélation du secret de la vibration éternelle se trouve au cœur des plus anciennes *Upanishad,* de la *Bhagavad Gita* et de l'ensemble des Textes sacrés de l'Inde. Les Sages qui en ont fait l'expérience viennent confirmer l'Écriture : *« Om est la Vérité éternelle »* (Râmana Maharshi).

En découvrant la Syllabe à la source, il apparaît que mieux qu'un symbole, *Om* est la résonance même du Réel : la pratique de sa récitation amène à l'absorption en... « Cela » (l'Absolu, *Brahman*). L'efficience de cette pratique est reconnue unanimement, et le tantrisme rejoint naturellement le *Vedânta.*

Comme une montagne de camphre
Une vie auprès de Râmana Maharshi
Textes recueillis par David Godman
Avec photos des archives de l'ashram.

Srî Râmana Maharshi et Annamalai Swâmî: *« Comme une montagne de camphre »*, deux recueils d'enseignements (questions-réponses) inédits du sage d'Arunâchala et de son disciple devenu maitre à son tour.

Annamalai Swâmî:
« Une vie auprès de Râmana Maharshi »
La vie au jour le jour aux côtés de Râmana Maharshi le grand sage indou du XXᵉ siècle (1879-1950). C'est son disciple Annamalai swâmî, responsable de la construction des bâtiments de ce qui allait devenir l'ashram du Maharshi, qui raconte ses souvenirs auprès du «Libéré vivant» d'Arunâchala.

Tout est Un
Anonyme

« *Si tu veux la délivrance* (moksha), *alors écris, lis et pratique les instructions contenues dans ce petit livre, "Tout est Un".* »

C'est Râmana Maharshi, le grand sage indou (1879-1950) qui s'adresse ainsi à son disciple, Annamalai Swâmî. La pratique de l'*advaïta vedânta* est présentée d'une manière aussi concise qu'originale dans ce texte du XIXe siècle. L'auteur, Tamoul resté anonyme, n'est pas un érudit, ni un lettré : il transmet avec simplicité et un fort accent d'authenticité le fruit de son expérience de la pure intériorisation : l'Unité se trouve dans l'intériorité absolue de la conscience *(pûrnâhanta)*, à l'opposé de l'extériorité dispersante... Srî Râmana, tout en encourageant la lecture et la pratique des enseignements de ce livre, souligne la nécessité de ce *retournement* vers l'intérieur :

« *Garde toujours dans le cœur le sens de la non-dualité, mais ne l'exprime jamais dans l'action.* »

Dhammapada

Le *Dhammapada* (littéralement «Stances de la Doctrine») est le plus célèbre et précieux des ouvrages transmettant la parole du Bouddha. Ces 423 versets contiennent l'essence de l'enseignement du Prince devenu Sage en Inde, au VIᵉ siècle avant Jésus-Christ.

Le Bouddha enseigne le moyen de mettre fin à la souffrance par la réalisation de la vacuité du «moi» et du monde. Cette réalisation conduit naturellement au détachement, qui est la clé du *nirvana,* le bonheur inaltérable...

Doctrine humaniste de compassion et d'amour, le bouddhisme est surtout un chemin de délivrance spirituelle, d'Éveil à notre vraie nature: le Bouddha est en chacun...

Trésors du Bouddhisme
Frithjof Schuon

«La beauté du Bouddha aspire comme un aimant toutes les contradictions du monde et les transforme en un silence rayonnant; l'image qui en dérive est comme une goutte de nectar d'immortalité tombée dans la froideur du monde des formes et cristallisée sous une forme humaine, une forme accessible aux hommes.» F.S.

«Essentialité, universalité et ampleur caractérisent les écrits de Frithjof Schuon. (...) Schuon possède le don d'atteindre le cœur même du sujet traité, d'aller, au-delà des formes, au Centre informel de celles-ci, qu'elles soient religieuses, artistiques ou liées à certains aspects ou traits des ordres humains ou cosmiques.» (Seyyed Hossein Nasr)

Regards sur les Mondes Anciens
Frithjof Schuon

Frithjof Schuon (1907-1998) est l'auteur d'une œuvre métaphysique considérable – aujourd'hui traduite en plusieurs langues – qui met en lumière l'unité essentielle des sagesses traditionnelles et en explicite l'immuable vérité. Il tourne ici ses « Regards » vers l'Éternité contenue dans des traditions aussi diverses que celles des Peaux-Rouges, de la Grèce de Platon, du Moyen Âge chrétien ou des indous...

« S'avisera-t-on un jour que le plus grand philosophe français du XXᵉ siècle n'était pas parmi ceux que l'on cite partout, mais très probablement celui qui, dans l'indifférence générale et la conjuration d'un silence bien organisé, édifia patiemment, hors de tout compromis, l'une des œuvres décisives de ce temps, la seule qui, à la suite de René Guénon, mais dans une autre tonalité, rende compte en notre langue de la Philosophia perennis *?»*
(Jean Biès)

**Autre ouvrages parus aux éditions Discovery,
Série Nataraj**

SAGESSE UNIVERSELLE

* *La lumière de l'Inde* – (Alphonse de Lamartine) Textes du poète Lamartine, après sa découverte émerveillée de l'Inde à travers ses épopées indoues, le Râmayâna et le Mahâbharata.

* *Dieu en Soi* – Méditations au cœur de l'Inde et du Christianisme (Textes présentés par R. Caputo et C. Verdu) – Convergences spirituelles entre les livres révélés chrétiens et indous.

* *La philosophie mystique de Simone Weil* – (Gaston Kempfner). Biographie de l'œuvre de la mystique chrétienne (1909-1943).

* *L'imitation de Jésus-Christ* – Traduction par Pierre Corneille, en vers, d'un texte spirituel du Moyen Âge.

* *La mort... sereinement* (Sénèque) – Extraits des Lettres à Lucilius, les réflexions du philosophe stoïcien sur le sens de la mort et l'acceptation sereine du terme de la vie.

* *La consolation de la Philosophie* (Boèce) – Classique de la philosophie au Moyen Âge, ce joyau de la sagesse stoïcienne et platonicienne fut écrit par Boèce en prison, alors qu'il attendait sa mise à mort.

Discovery Publisher

Les Éditions **Discovery** est un éditeur
multimédia dont la mission est d'inspirer et de
soutenir la transformation personnelle, la croissance
spirituelle et l'éveil. Avec chaque titre, nous nous
efforçons de préserver la sagesse essentielle de
l'auteur, de l'enseignant spirituel, du penseur,
guérisseur et de l'artiste visionnaire.

www.ingramcontent.com/pod-product-compliance
Lightning Source LLC
Chambersburg PA
CBHW010858090426
42738CB00018B/3435